釈 由美子の

山の常識110の疑問

釈 由美子

解説＝萩原浩司

山のアルバムから

撮影＝萩原浩司

2014.9.9~11

奥穂高岳

Okuhotaka Dake

Daibosatsu Rei

大菩薩嶺

2015.9.5

2015.9.26~29

鷲羽岳

Washiba Dake

Kinpu San **金峰山** 2019.7.29

2022.6.8~10

妙高山 | 火打山

Myoko San
Hiuchi Yama

ヤマケイ文庫

教えて編集長！ 釈由美子の山の常識110の疑問

Shaku Yumiko　釈 由美子　萩原浩司　Hagiwara Hiroshi

Yamakei Library

装丁・本文レイアウト●天池聖（drnco.）
編集●小林千穂
校正●山本修二
写真●萩原浩司

＊本書は２０１４年10月に刊行されたヤマケイ新書『山の常識　釈問百答』を改訂・改題し、新たに10の設問を加えて再編集したものです。

はじめに

山ガールというには、もうおこがましい年齢ですが、2013年年春からNHK BS1で放送している「実践！　にっぽん百名山」の番組MCを務めさせて頂くようになったきっかけで、わたくし、釈由美子も山ガールデビューいたしました！

色とりどりの鮮やかなウェアに身を包み、登山靴やらザックやら、いっちょまえに揃えたものの、にわか山ガールの私がこれから本格的な山行に足を踏み入れるには、まだまだ知らないことばかりで……。

「山をナメてはいけない！」そんな畏敬の念も込めて、私のような初心者目線で、山に対する素朴な疑問や質問、山のイロハを、番組でもお世話になっている萩原編集長にぶつけてみました！

日本は国土の7割が山や森林に囲まれています。そんな、あなたの身近にある山が今まで以上に親しみやすく感じられるように、一緒に山についてより楽しくご興味を持っていただけましたら幸いです。

第2章 山のいちばん

第3章 山の歴史 103

第4章 山の雑学 129

第5章 山の自然

第6章

山の実践

211

第1章

山って何?

Q1　日本に山はいくつあるの？

この前、新潟へ行ったら、どこを見渡しても山だったんです。新潟にかぎらず、日本は本当に山が多いですよね。ここで質問！　いったい、日本にはいくつ山があるのでしょう？

編集長――いきなり難問ですね……（汗）。飛行機に乗って窓から見下ろすと、山がどれだけ多いかよくわかります。日本は国土の７割以上を山林が占めていますからね。そこにいくつ山があるかは、残念ながら正確な答えはありません。でも、地図に載っている山をひとつずつ数えて山の数を出そうと試みた人がいるんです。

釈――**え？　聞いておいてなんですが、きっと、途方もない数になりますよね。それを機械ではなく、ひとつずつ数えたのですか？**

編集長――そう。「２万５０００分の１地形図」という国土地理院の基本地図があります。日本全土が細かく区切られていて、全部で約４５００枚になるのですが、

ヨーロッパ便の機窓から見下ろした福島、群馬、新潟の山々。手前に会津駒ヶ岳、左に燧ヶ岳、至仏山のほか、数え切れないほどの山々が連なっている

それを一枚ずつ広げて山の数を数えたそう。その数なんと、1万6700山。数えたのは武内正さんという山の研究家で、約6年かかって、1998(平成10)年に全部数え終わりました。名前のついた山の数を具体的に数えたという点では、これがいちばん正確な数だといえます。

釈——約1万7000山。気が遠くなりそうな数ですね。多すぎてよく想像できないです。

編集長——では、こう考えてみたらどうでしょう。47の都道府県で割ってみると、だいたい各県ごとに360山もあるんです。

釈——県平均で360も……。けっこう

たくさんありますね。

編集長――実際には県によって大きなバラつきがあるのですけどね。詳しくは左の本に書かれているのですが、のちほどじっくりと説明することにしましょう。

釈――**日本には本当にたくさんの山があるのですね。山好きの私、山がいっぱいある国に生まれてよかったと思います。**

ヤマケイ新書
『日本の山を数えてみた
データで読み解く山の秘密』
武内 正・石丸哲也著
2万5000分の1地形図、4500枚に記載された山をすべて数え、分析した男・武内 正。そのデータをもとに、柔軟な発想で日本の山の意外な事実を導き出した山の博識王・石丸哲也。登山界最強のコンビが贈る、史上最詳の山岳データブック

Q 2 山って丘とどう違うの？

ひと言で山といってもいろいろありますよね。丘も山の一種だと思うのですが、そもそも山って何？　と聞かれたらどう答えればいいでしょう？　丘とはどう違うのでしょうか？

編集長――周辺の土地より高くなっているところが「山」。とくに、はっきりしたピークがあるのが山ですね。「丘」は「土地の小高いところ」で、明確なピークを持たない、盛り上がりのことをいいます。

釈――なるほど。奥穂高岳に登ったときに、蝶ヶ岳がよく見えることを編集長に教えていただきました。でも、隣にある常念岳のようにはっきりしたピークがなかったので、どこが蝶ヶ岳かよくわからなかったんです。あのような山も丘というのでしょうか？

編集長――蝶ヶ岳は標高が2677mもあるから、「小高い」とはちょっと違って、一般的な丘とは区別をしたいけど、たしかにはっきりしたピークはないですよね。そう、蝶ヶ岳で「丘」といえば山頂部に「瞑想の丘」という場所があります（次項の地図参照）。そこからは槍・穂高連峰が正面に見えて、すばらしい展望を見ながら、本当に瞑想したくなるような場所です。蝶ヶ岳のなだらかな稜線で、そこは少し高くなっているから、「丘」といわれるようになったのでしょうね。

釈――へえ。山の上にある丘ですか。きっとステキな場所でしょうね。行ってみたいです。

編集長――ちなみに『広辞苑』だと、山は「平地よりも高く隆起した地塊。谷と谷との間に挟まれた凸起部」とあるので、平地から隆起した姿が認められれば「山」ですね。

釈――山と丘の違いがだんだんとはっきりしてきました。ところで、人工的に造られた山もあると聞いたんですけど、それも山として認められるのでしょうか？

編集長――たとえ人工でも、平地より高く隆起していれば、定義上は山です。日本一低いといわれている山のなかには人工で造られたものもあるんですよ。それでも、地形図に載れば山と認められるのです。

Q 3　山と山の境目はどうやって決めるの？

奥多摩、丹沢などの山は、たいてい次の山と尾根でつながっていますよね。富士山のようにひとつしかない山は別として、山同士の境目はどこにあるんだろうって疑問に思います。

編集長――その山から次の山までの間の、いちばん標高が低いところ。つまり最低鞍部が境目です。たとえば、前の質問で名前が挙がった蝶ヶ岳（2677m）と常念岳（2857m）の間にはいくつか鞍部がありますが、そのなかでいちばん低い、標高2460m地点が蝶ヶ岳と常念岳の境目といえるでしょう。

釈――イメージでは山と山のちょうど半分のところかなと思っていましたが、距離にはあまり関係なく、標高のいちばん低いところなんですね。

編集長――そのほうが自然だと思います。海外では、山の境目をめぐっておもしろいニュースがあります。世界には8000m峰（標高8000mを超える山）が14

座あるのですが、それを20座に増やそうという動きもあるのです。

釈――増やす? とはいっても、8000mの山を新しくは造れませんよね……。あ、もしかして山の境目を変えるということですか?

編集長――そのとおり! 鞍部から標高差60m以上あるピークは、すべて新しい山として認定させようとしている人がいます。その考えのもとになっているのは、ロベルト・アルガというイタリアの登山家が書いた論文。まあ、そんなことはあり得ないと思うけど、この考え方が世界基準になったとしたら、蝶ヶ岳と常念岳の間にはもうひとつ山ができることになります。地図の蝶槍のすぐ北に標高2462mの鞍部があるでしょ、その先に2592mピークがあって、鞍部からの標高差は130m。十分にひとつの山としての条件をクリアしていることになるよね。

釈――へえ、おもしろい。もし、その基準で山を調べ直したら、もっともっと山の数が増えますね!

編集長――新たにひとつの山として数えられるのは、その山にきちんと名前がつけられてからの話ですけどね。

横通岳
2767
0
1000m
2000m
常念乗越
常念小屋
2466
一ノ沢登山口へ
常念岳
2857
中山
2492
前常念岳
2662
最低鞍部
(2460)
2592
2462
三股
蝶槍
蝶ヶ岳三角点
2664
横尾山荘
横尾
瞑想の丘
蝶ヶ岳ヒュッテ
蝶ヶ岳
2677
長塀山
2565
大滝山
2615

Q 4 山って誰のものなの？

日本では富士山でも関東周辺の低山でも、登りたい山に自由に登れますよね。当たり前に登らせてもらっているけど、山は誰のものなのでしょう。全部、国のものですか？

編集長——富士山、南北アルプス、大雪山など、日本を代表する山の多くは国が管理する国立公園です。でもじつは国有地は全体の60％ほどしかなく、公有地が12％、私有地も26％程度あるんです。

釈——へえ。それは意外です。富士山や尾瀬など、国立公園はすべて国の土地だと思っていました。

編集長——そう、富士山でいえば興味深い話があります。富士山を境内として管理してきた富士山本宮浅間（せんげん）大社と国が山頂の所有権を争って、17年にもわたる裁判が行なわれていました。そして１９７４年に最高裁で神社側が勝訴。以来、山頂部は神社の私有地ということになっています。

釈——日本のシンボル、富士山は誰のものでもなく神様のものってことなんですね。

静岡県上空から見た富士山。その山頂部は富士山本宮浅間大社の所有ということになっている

富士山の山頂付近では県境も定まっておらず、地図上に境界線も記されていない

Q 5 山の高さは誰が測っているの？

山頂の標識に「北岳3193m」など標高が書かれていますよね。地図の山名横にも標高数値があります。これ、誰が、どうやって測っているのでしょう？

編集長――国土地理院という、国土交通省のなかの特別な機関が測っています。前のページで紹介した「2万5000分の1地形図」も国土地理院が行なった、このような測量に基づいて作られています。釈さんも山に行ったときにきっと見たことがあると思うけど、山頂に三角点というのがあるでしょ。以前はあれをもとにして、三角測量を行ない、山の高さや距離を割り出していたのです。今は、衛星を使った測定法、GNSS（全球測位衛星システム）で測量されています。

釈――GNSS測量ですか。難しい名前ですね。その方法だと、より正確に高さがわかるのですか？

編集長――ＧＮＳＳ衛星から発信された電波信号が地上にある受信機に届くまでの時間差を測定して測る方法なんだけど、性能の高い電波を使っていて、ほとんど誤差なく測ることができるのです。その誤差は、なんと１キロでわずか１ミリ程度なんだって。かなり正確だといえますよね。

釈――地上からはるか遠いところを飛んでいる人工衛星で、それほど正確な測定ができるなんて不思議。ところで、地図に載っている標高が変わるって聞いたことがあるのですが、それは山が高くなったり、低くなったり変化しているからですか？

編集長――噴火とか地震など、地球の大きな活動で山の高さが変わることもなくはないですね。さらに、山の崩落や崩壊で高さが変わることもありますよ。たとえば、北アルプスにある小蓮華山（これんげ）はもともと２７６９ｍだったんだけど、２００７年の夏に山頂部が崩落していることがわかって、翌年、高さを測り直したところ２７６６ｍでした。崩落で３ｍも低くなってしまったのです。また、２０１４年４月に標高の改定が行なわれたのですが、それはこのＧＮＳＳ測量など、測量技術の進歩によるものです。最新の技術で測り直してみたら、じつは高さが違っていましたっていうケースがけっこう出てきました。

釈——技術の進歩ってすごい！　たとえばどのように変わったのですか？

編集長——いちばん話題になったのは、南アルプスの間ノ岳。標高3189mで国内第四位の高さとされていたんだけど、再測量の結果、1m高い3190mだったことがわかり、奥穂高岳（3190m）と並んで国内第3位になりました。これで喜んだのが山梨県。第1位の富士山、第2位の北岳、そして間ノ岳と、国内の標高ベスト3が県内に揃うことになったのですから。

釈——1m変わっただけでも、ベスト3の順位が変わるなんて、与える影響は大きいですね。それにともなって山頂の標識を変えたり、地図やガイドブックに載っている数字もすべて新しくなるのでしょう？

編集長——そうです。2014年の改定では間ノ岳に限らず、主要山岳だけで87山もの標高が変わったから、影響は大きいですよ。ガイドブックの編集者はみんな確認作業が大変だって泣いていました（笑）。私の地元、栃木県の西端にある男体山は、以前は標高2484mで「ニシハシ」と覚えやすかったんです。でも、それが2486mに変わったときは、かなりがっかりしました。「ニシハム」「ニシヤロー」じゃ、ちょっとねー。そう、標高が変わったことでもうひとつ有名なのが、北

那須連峰の最高峰、三本槍岳山頂に立つ一等三角点標石

アルプスの剱（つるぎ）岳。以前は標高3003mで、3000m峰に名を連ねていたんです。それが、2004年に測量し直したら、2999mだったということがわかりました。

釈――映画「劔岳 点の記」の山ですね。たしか、測量のお話でした。でも、剱岳は険しい岩山で、それに憧れる人が多いと聞きます。剱岳ファンや地元の方からすれば、たった1mで3000mに届かずショックだったでしょうね。

編集長――たしかに。ちなみに「劔岳 点の記」は、まだ今のような山の装備がなかった明治時代に、日本屈指の険しい山の測量に挑んだ実話をもとにしたストーリーです。そのときの測量官、柴崎芳太郎は剱岳の標高を2998mと割り出しました。それが、昭和5年の測量で3003mに改定され、2004年に2999mとなった経緯があります。柴崎が測量したときは測量技術も未熟だったけど、最先端の技術で測量した値に極めて近かったというのはすごいことですよね。

釈——なるほど。測量にまつわるお話、おもしろかったです。

編集長——ちなみに2025年4月1日にも標高の改訂があると国土地理院が発表していますので、今後の動向を見守ってみたいと思います。

測量した年度によって3000mを超えたり超えなかったりした過去を持つ剱岳

Q 6 山はどうやってできるの？

思いっきり基本的な質問ですみません。いったいどのようにして山が出来上がったのか知りたいのですが……。

編集長——おおざっぱに答えると、山の誕生にはふたつの成因があります。ひとつは火山、もうひとつは地殻の変動です。火山の場合、噴火で噴出した溶岩が積み重なって、新たな山を造りだします。富士山などの火山はこうした噴火の堆積物によってできたものです。また、噴火をともなわなくともマグマが地表を押し上げてできる山もあります。いっぽう、地殻の変動では褶曲山脈と呼ばれるものがあります。たとえば一万円札を机に置いて左右から押しつけると中央の透かし部分が盛り上がってきますよね。このように地殻のひずみが大地を盛り上げていったものです。また、地殻の弱い部分が切断されて断層となり、片側がせり上がることもあります。

釈——お金のかかる実験でよくわかりました。断層の実験は遠慮しときます。

Q7 山の名前は誰が決めるの？

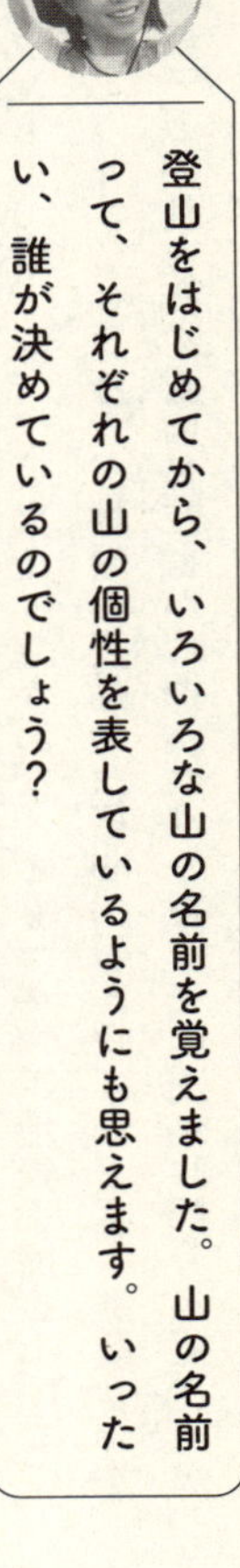

登山をはじめてから、いろいろな山の名前を覚えました。山の名前って、それぞれの山の個性を表しているようにも思えます。いったい、誰が決めているのでしょう？

編集長――基本的には、それぞれの地元で古くから呼ばれていた山名を尊重しています。山の名前の多くは、その土地に暮らす人びとが大昔から尊び、親しみを込めて呼び習わしていたものなのです。だからこそ、山の個性を表すような名前になるのでしょうね。現在残る書物で、最初に富士山の名前が見られるのは『常陸国風土記（ひたちのくにふどき）』。713（和銅6）年から編纂されたもので、当時は富士ではなく「福慈」という漢字が使われていました。筑波（つくば）山も同書に登場しています。漢字や読みが違っていても、奈良時代にはすでに主立った山には名前があったと考えられます。

釈――山の名前って、古代から伝わってきたものなのですね。

Q 8 「○○山」と「○○岳」ってどう違うの？

いろいろな山に登って、ずっと気になっていることがあります。基本すぎて質問するのも気が引けるのですが、「山」と「岳」ってどう違うのですか？

編集長――いい質問ですよ。ふだん、「山」と「岳」の違いなんて考えることないですものね。

釈――私のイメージで言えば、「山」は独立峰のように単体でそびえている感じ。富士山とか、浅間山、白山などのように。それに対して「岳」は北岳、穂高岳、槍ヶ岳など連山のイメージです。

編集長――明確な定義はないし、当てはまらないこともあるけど、考え方は合っていると思います。漢字では「山」の上に「丘」と書いて「岳」で、「高くて大きい山」が語源らしい。たしかに山の標高ベスト100を見ると、83の山には「岳」が付き、「山」は12しかありません。標高の高い山に「岳」が多いといえそうですね。

釈——本当だ！　高い山のほとんどが「岳」なのですね。それは気がつきませんでした。おもしろい～。

編集長——標高3000mを超える山で「山」が付くのは富士山、御嶽山、立山と、昔から宗教登山で栄えた山というのも興味深いところですね。

69	**熊沢岳**	くまざわだけ	2778
70	剱御前	つるぎごぜん	2777
71	**赤岩岳**	あかいわだけ	2769
72	**横通岳**	よことおしだけ	2767
72	**大籠岳**	おおかごだけ	2767
74	小蓮華山	これんげさん	2766
75	**地蔵岳**	じぞうだけ	2764
76	**燕岳**	つばくろだけ	2763
77	**硫黄岳**	いおうだけ	2760
78	**西岳**	にしだけ	2758
79	**樅沢岳**	もみさわだけ	2755
80	**スバリ岳**	すばりだけ	2752
80	駒津峰	こまつみね	2752
82	仙涯嶺	せんがいれい	2734
83	笹山	ささやま	2733
84	将棊頭山	しょうぎがしらやま	2730
85	**檜尾岳**	ひのきおだけ	2728
86	**烏帽子岳**	えぼしだけ	2726
87	小太郎山	こたろうやま	2725
88	**権現岳**	ごんげんだけ	2715
89	**南真砂岳**	みなみまさごだけ	2713
90	白山	はくさん	2702
91	**北荒川岳**	きたあらかわだけ	2698
92	**唐松岳**	からまつだけ	2696
93	**安部荒倉岳**	あべあらくらだけ	2693
94	**鋸岳**	のこぎりだけ	2685
95	**赤沢岳**	あかさわだけ	2678
96	**蝶ヶ岳**	ちょうがたけ	2677
97	**東川岳**	ひがしかわだけ	2671
98	赤沢山	あかさわやま	2670
98	**爺ヶ岳**	じいがたけ	2670
100	新蛇抜山	しんじゃぬけやま	2667

日本の山岳標高ベスト100

順位	山　名	読　み	標高(m)
1	富士山	ふじさん	3776
2	北岳	きただけ	3193
3	奥穂高岳	おくほたかだけ	3190
3	間ノ岳	あいのだけ	3190
5	槍ヶ岳	やりがたけ	3180
6	東岳（悪沢岳）	ひがしだけ	3141
7	赤石岳	あかいしだけ	3120
8	涸沢岳	からさわだけ	3110
9	北穂高岳	きたほたかだけ	3106
10	大喰岳	おおばみだけ	3101
11	前穂高岳	まえほたかだけ	3090
12	中岳	なかだけ	3084
12	荒川中岳	あらかわなかだけ	3084
14	御嶽山	おんたけさん	3067
15	農鳥岳（西）	のうとりだけ	3051
16	塩見岳	しおみだけ	3047
17	南岳	みなみだけ	3033
17	仙丈ヶ岳	せんじょうがたけ	3033
19	乗鞍岳	のりくらだけ	3026
20	立山（大汝山）	たてやま	3015
21	聖岳	ひじりだけ	3013
22	剱岳	つるぎだけ	2999
23	水晶岳（黒岳）	すいしょうだけ	2986
24	甲斐駒ヶ岳	かいこまがたけ	2967
25	木曽駒ヶ岳	きそこまがたけ	2956
26	白馬岳	しろうまだけ	2932
27	薬師岳	やくしだけ	2926
28	野口五郎岳	のぐちごろうだけ	2924
28	鷲羽岳	わしばだけ	2924
30	大天井岳	おてんしょうだけ	2922
31	西穂高岳	にしほたかだけ	2909
32	白馬鑓ヶ岳	しろうまやりがたけ	2903
33	赤岳	あかだけ	2899
34	笠ヶ岳	かさがたけ	2898
35	広河内岳	ひろごうちだけ	2895
36	鹿島槍ヶ岳	かしまやりがたけ	2889
37	別山	べっさん	2880
38	龍王岳	りゅうおうだけ	2872
39	旭岳	あさひだけ	2867
40	蝙蝠岳	こうもりだけ	2865
41	赤牛岳	あかうしだけ	2864
41	空木岳	うつぎだけ	2864
43	真砂岳	まさごだけ	2861
44	双六岳	すごろくだけ	2860
45	常念岳	じょうねんだけ	2857
46	三ノ沢岳	さんのさわだけ	2847
47	三ツ岳	みつだけ	2845
48	三俣蓮華岳	みつまたれんげだけ	2841
48	南駒ヶ岳	みなみこまがたけ	2841
48	観音ヶ岳	かんのんがたけ	2841
51	黒部五郎岳	くろべごろうだけ	2840
52	横岳	よこだけ	2829
53	祖父岳	じいだけ	2825
54	針ノ木岳	はりのきだけ	2821
55	大沢岳	おおさわだけ	2820
56	兎岳	うさぎだけ	2818
57	五竜岳	ごりゅうだけ	2814
57	東天井岳	ひがしてんじょうだけ	2814
59	抜戸岳	ぬけどだけ	2813
60	杓子岳	しゃくしだけ	2812
61	中盛丸山	なかもりまるやま	2807
62	阿弥陀岳	あみだだけ	2805
63	上河内岳	かみこうちだけ	2803
64	小河内岳	こごうちだけ	2802
65	アサヨ峰	あさよみね	2799
65	蓮華岳	れんげだけ	2799
67	薬師岳	やくしだけ	2780
68	高嶺	たかみね	2779

＊1m未満の数値は四捨五入。「日本の山岳標高一覧」（国土地理院発行）に準拠。三峰岳（2999m）、宝剣岳（2931m）、明神岳（2931m）、間ノ岳（2907m）、千枚岳（2880m）、赤椰岳（2798m）、麦草岳（2733m）はそれぞれの主峰の付属の山とされている。

Q 9

「日本百名山」ってどうやって選ばれたの？

有名でも「日本百名山」に入っていない山もありますよね。コマクサがきれいな燕岳（つばくろだけ）や、戸隠（とがくし）神社がある戸隠山とか。どういう基準で山が選ばれているのですか？

編集長——まず、『日本百名山』は深田久弥氏の著書で、もとは山岳雑誌『山と高原』の連載記事でした。それに加筆して本になりました。深田さんは100の山を選ぶにあたって、「山の品格」「山の歴史」「個性のある山」を基準にしたと言っています。選定の際に70％はすぐに決まったが、あとの山をふるいにかけるのに苦労したと「後記」に書かれていて、それを読むと「百名山」以外の山にも深い愛情を持っていることがよくわかります。燕岳も候補に入っていたんですよ。あくまで個人のセレクトなので、人によって意見は違うかもしれないけれど、深田さんの文章を読んだうえで実際に登ってみれば、その山が「百名山」にふさわしいことがわかると思います。

釈――深田さんがご存命だったら、高尾山は入れたでしょうか？　今、とても人気ですから。

編集長――深田さんは紹介した3つの条件のほかに、標高がおおよそ1500m以上であることを加えています。だから、高尾山（599m）は入らなかったでしょうね。例外として筑波山（877m）と開聞岳（924m）、伊吹山（1377m）、阿寒岳（1499m）がありますが、これはその山を紹介している文章を読めば、選ばれた理由が納得できると思います。それと深田さんは人の多い山は好まないのです。著書のなかに、友人が提唱した「避衆登山（集団を避ける登山）」という言葉に同調する文章があるぐらいで、鈴鹿山脈の名峰・御在所岳を入れなかった理由として、山頂部が遊園地化しているからなどと言っています。ちなみに、前のページの標高ベスト100と「百名山」とを見比べると、深田さんが決して標高の高い山だけが「名山」だとは言っていないことがよくわかります。

釈――なるほど。以前、父と箱根の金時山に登って、富士山の眺めがよくていい山だと思いました。でも箱根の山が入ってない理由もなんとなくわかりました。そう

考えると、「百名山」で有名になって、そのために人が増えてしまった山もあるのでは？

編集長――そう。どうしても「百名山」に登山者が集中してしまいますからね。１９９０年ごろの中高年登山者による「百名山」ブームは、静かな山を好む深田さんにとっては皮肉なことだったかもしれません。

釈――先に教えていただいたように、日本にはとってもたくさんの山がありますよ

69	瑞牆山	みずがきやま	2230
70	大菩薩嶺	だいぼさつれい	2057
71	丹沢山	たんざわさん	1673
72	富士山	ふじさん	3776
72	天城山	あまぎさん	1406
74	木曽駒ヶ岳	きそこまがたけ	2956
75	空木岳	うつぎだけ	2864
76	恵那山	えなさん	2191
77	甲斐駒ヶ岳	かいこまがたけ	2967
78	仙丈ヶ岳	せんじょうがたけ	3033
79	鳳凰山	ほうおうざん	2841
80	北岳	きただけ	3193
80	間ノ岳	あいのだけ	3190
82	塩見岳	しおみだけ	3047
83	東岳（悪沢岳）	ひがしだけ	3141
84	赤石岳	あかいしだけ	3121
85	聖岳	ひじりだけ	3013
86	光岳	てかりだけ	2592
87	白山	はくさん	2702
88	荒島岳	あらしまだけ	1523
89	伊吹山	いぶきやま	1377
90	大台ヶ原山	おおだいがはらやま	1695
91	大峰山	おおみねさん	1915
92	大山	だいせん	1729
93	剣山	つるぎさん	1955
94	石鎚山	いしづちさん	1982
95	九重山	くじゅうさん	1791
96	祖母山	そぼさん	1756
97	阿蘇山	あそさん	1592
98	霧島山	きりしまやま	1700
98	開聞岳	かいもんだけ	924
100	宮之浦岳	みやのうらだけ	1936

日本百名山一覧

深田久弥『日本百名山』より

	山　名	読　み	標高（m）
1	**利尻山**	りしりざん	1721
2	**羅臼岳**	らうすだけ	1661
3	**斜里岳**	しゃりだけ	1547
3	**阿寒岳**	あかんだけ	1499
5	**大雪山**	たいせつざん	2291
6	**トムラウシ山**	とむらうしやま	2141
7	**十勝岳**	とかちだけ	2077
8	**幌尻岳**	ぽろしりだけ	2052
9	**後方羊蹄山**	しりべしやま	1898
10	**岩木山**	いわきさん	1625
11	**八甲田山**	はっこうださん	1585
12	**八幡平**	はちまんたい	1613
12	**岩手山**	いわてさん	2038
14	**早池峰山**	はやちねさん	1917
15	**鳥海山**	ちょうかいさん	2236
16	**月山**	がっさん	1984
17	**朝日岳**	あさひだけ	1871
17	**蔵王山**	ざおうさん	1841
19	**飯豊山**	いいでさん	2128
20	**吾妻山**	あづまさん	2035
21	**安達太良山**	あだたらやま	1700
22	**磐梯山**	ばんだいさん	1816
23	**会津駒ヶ岳**	あいづこまがたけ	2133
24	**那須岳**	なすだけ	1917
25	**越後駒ヶ岳**	えちごこまがたけ	2003
26	**平ヶ岳**	ひらがたけ	2141
27	**巻機山**	まきはたやま	1967
28	**燧ヶ岳**	ひうちがたけ	2356
28	**至仏山**	しぶつさん	2228
30	**谷川岳**	たにがわだけ	1977
31	**雨飾山**	あまかざりやま	1963
32	**苗場山**	なえばさん	2145
33	**妙高山**	みょうこうさん	2454
34	**火打山**	ひうちやま	2462
35	**高妻山**	たかつまやま	2353
36	**男体山**	なんたいさん	2486
37	**日光白根山**	にっこうしらねさん	2578
38	**皇海山**	すかいさん	2144
39	**武尊山**	ほたかやま	2158
40	**赤城山**	あかぎさん（やま）	1828
41	**草津白根山**	くさつしらねさん	2171
41	**四阿山**	あずまやさん	2354
43	**浅間山**	あさまやま	2568
44	**筑波山**	つくばさん	877
45	**白馬岳**	しろうまだけ	2932
46	**五竜岳**	ごりゅうだけ	2814
47	**鹿島槍ヶ岳**	かしまやりがたけ	2889
48	**剱岳**	つるぎだけ	2999
48	**立山**	たてやま	3015
48	**薬師岳**	やくしだけ	2926
51	**黒部五郎岳**	くろべごろうだけ	2840
52	**水晶岳**	すいしょうだけ	2986
53	**鷲羽岳**	わしばだけ	2924
54	**槍ヶ岳**	やりがたけ	3180
55	**奥穂高岳**	おくほたかだけ	3190
56	**常念岳**	じょうねんだけ	2857
57	**笠ヶ岳**	かさがたけ	2898
57	**焼岳**	やけだけ	2455
59	**乗鞍岳**	のりくらだけ	3026
60	**御嶽山**	おんたけさん	3067
61	**美ヶ原**	うつくしがはら	2034
62	**霧ヶ峰**	きりがみね	1925
63	**蓼科山**	たてしなやま	2531
64	**赤岳**	あかだけ	2899
65	**両神山**	りょうかみさん	1723
65	**雲取山**	くもとりやま	2017
67	**甲武信ヶ岳**	こぶしがたけ	2475
68	**金峰山**	きんぷさん	2599

＊日本百名山の標高をチェックしてみると、3000m以上が13座、2000～2500mが50座、2000m～1500mが32座、1500m以下が5座となっている。著者の選考基準が「山高きがゆえに名山」とは限らないことがわかる

ね。深田さんはそのなかからどうやって選んだのでしょうか？

編集長――「百を選ぶ以上、その数倍の山に登ってみなければならない」と深田さん自身も言っています。具体的にいくつの山に登ったかはわからないけれど、数百は登ったうえでのセレクトでしょう。当時、日本じゅうの山に登っているというのはすごいことですよね。釈さんは山に登るとき、やっぱり百名山を意識しますか？

釈――**登る山を決めるときに、それが百名山かどうかはそんなに意識していません。でも、番組で山を紹介するときには、その山に登っておきたいというのはあります。実際に登っているとリアリティーが違いますし、伝えたいこともたくさん出てきますから。これからも、なるべくたくさんの山に登って、実体験を交えてお伝えしたいと思います。**

編集長――私も同じ考えでした。番組でまだ登ったことのない山を紹介しなければならないときなど、あわてて週末に登りに行ったこともありました。ちなみに「にっぽん百名山」はＮＨＫ独自の選考によるもので、深田さんが選んだ百名山以外にも「花の百名山」なども入っていたので、ずいぶんいろんな山に登りに行ったものです。

Q 10

日本二百名山と日本三百名山は誰が選んだのでしょう？

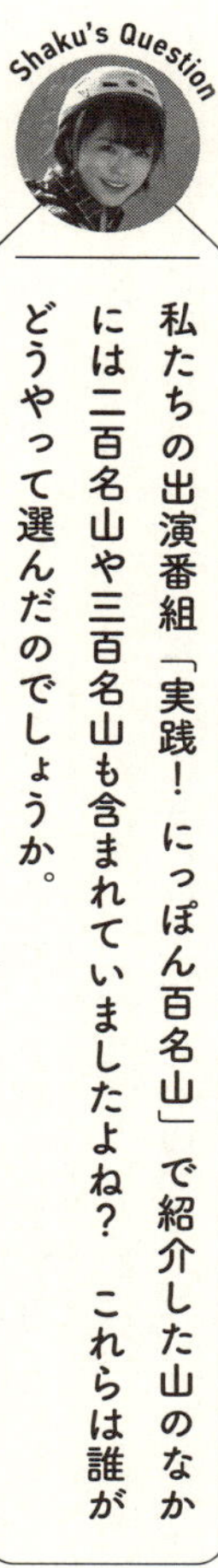

私たちの出演番組「実践！ にっぽん百名山」で紹介した山のなかには二百名山や三百名山も含まれていましたよね？ これらは誰がどうやって選んだのでしょうか。

編集長――「二百名山」が選ばれてから「三百名山」が決まったと思われがちですが、じつは三百名山のほうが先に選ばれているんですよね。１９７８年に日本山岳会が深田久弥さんの日本百名山を採用したうえで、さらに２００座を追加して３００山のリストを作成しました。番組で紹介した藤原岳も三百名山のひとつです。

釈――え？ それじゃあ、二百名山はどうやって？

編集長――こちらは深田久弥のファン組織「深田クラブ」が１９８４年に選定しました。深田さんが「日本百名山」を選ぶ際に、落とすのに躊躇されたと「後記」に書かれていた41座を優先的に採用して選んだようです。番組では四国の東赤石山を紹介しましたが、この山は田中澄江さんの「花の百名山」にも選ばれていますよ。

釈——そういえば収録日の直前に「東赤石山、登ってきたよ~」と話されていてビックリしたことがありました。

編集長——ところで同じNHKのテレビ番組で田中陽希さんが「日本三百名山全山人力踏破」として301山の踏破をめざしていたことをご存じでしたか?

釈——300ちょうどではなかったのですか?

編集長——じつは三百名山にあって二百名山にない山があるんです。それは大峰山地の山上ヶ岳。逆に、二百名山に新たに選ばれたのが新潟県の荒沢岳。このふたつを合わせて数えると301になるんですよね。

釈——日本には「百名山」以外にもたくさんのすばらしい山があるということがよくわかりました。

編集長——ちなみに、これらの山のなかには火山活動のために火口から2キロ以内の立ち入りが禁止されている桜島や、植生保護のために登山が禁止されている尾瀬の景鶴(けいづる)山などがあるので気をつけましょうね。

Q 11 「日本百低山」は誰が決めたのですか？

深田久弥さんの「日本百名山」と「日本の山岳標高１００」はわかりましたが、「日本百低山」とはいったい誰が、どのようにして決めたのでしょうか？

編集長――「日本百低山」の名称を初めて世に出したのはイラストレーターの小林泰彦さんです。小林さんは１９７９年から雑誌『山と溪谷』に絵と文による低山紀行を連載し、２００１年にそれらを厳選してまとめた書籍『日本百低山』を刊行しました。そして、深田さんの『日本百名山』と同様に、小林さんの『日本百低山』に掲載された山が「百低山」になったわけです。

釈――**いったいどんな山が選ばれているのでしょう？**

編集長――小林さんは名低山の選定に際して３つの条件を考えました。第１に「知名度が高いこと」。第２には「山にストーリーがあること」。第３には「歩いておもしろい山」。標高については1500m以下とされています。具体的には筑波山、榛名山、武甲山、高尾山、鋸山といった人気の山がしっかりと選ばれていますね。

釈――低山の名峰となると、かえって選びにくいところがあったのでしょうね。

編集長――なにしろ数が多いですからね。29年で340回もの連載のなかから100山を選んだわけですから、きっと悩まれたことでしょう。そこで、収まり切れなかった山を再選考して『続日本百低山』を刊行する予定があります。ちなみに雑誌『山と溪谷』でも「日本百低山」を発表しているんですよ。

釈――今、山は低山ブームですもんね。どんなセレクトになっているのですか？

編集長――2024年11月号では約100ページを特集に割いて「日本百低山」を選考して紹介しました。各地方に在住の写真家やライターの方々26人の声を集めて、標高1200m以下の、日帰りで行ける山のなかから選んでいます。

釈――全国の山のプロフェッショナルが選んだのですね。それは魅力的ですね。

編集長――はい。山容や景観、歴史などの魅力を備えた、登山対象にふさわしい山を厳選して紹介しています。ぜひ参考にしてください。

Q12 「ふるさと富士」はいくつありますか？

北海道のニセコにスキーに行ったときのこと。息子が「わー、富士山だ」と指さしたのが蝦夷富士と呼ばれる羊蹄山でした。ホントに富士にそっくりでビックリ。日本にはほかに「〇〇富士」と呼ばれる山はどのくらいあるのでしょうか？

編集長――富士山に似た形の独立峰、いわゆる「ふるさと富士」は全国に400近くもあると言われています。そのなかでも羊蹄山（蝦夷富士）と開聞岳（薩摩富士）は円錐形の完成度と山頂からの傾斜角が富士山に近いことで知られています。間違えるのも無理ないでしょうね。

釈――やっぱり羊蹄山の完成度は相当なものだったのですね。そういえば番組で羊蹄山を紹介するとき、編集長は登りに行かれたついでに東西南北すべてのアングルから羊蹄山の写真を撮ってきてくださいましたよね。全部、富士山に見えました。

編集長――あれは収録日直前の週末のことでした。ひとりで北海道に向かい、写真を撮影してからスキーで頂上を往復してきました。羊蹄山の山頂は大きな火口が口を開けていて、残雪期は火口の底までスキーで滑り下りることができるんですよ。

釈――外観だけでなく山頂の火口も富士山型なのですね。

編集長――そんな点を含めても、羊蹄山は最も富士山に近い山と言えるかもしれません。ところで釈さんは「豊後(ぶんご)富士」に登られてますよね？

釈――九州の由布岳ですよね。2年前に息子と登りました。独立峰なので山頂からの展望がすごかったです。九重連山や別府湾も見下ろせて最高の絶景を楽しみました。

編集長――由布岳は円錐形をした独立峰で周囲からも目立ち、昔から信仰の対象として親しまれていることからも富士に共通する点は多いかと思います。

釈――ほかにおススメのふるさと富士はありますか？

編集長――東北の津軽富士（岩木山）、南部富士（岩手山）、出羽富士／秋田富士（鳥海山）はいずれも名山なのでおススメです。地元の人々に愛されているからこそ愛称で呼ばれる「ふるさと富士」。次の目標に加えてみてはいかがでしょう。

Q13 「やま」と「さん」の読み分けが難しいです

Q7にも類似すると思うのですが、「○○山」には、「やま」と「さん」両方の読み方がありますよね。どちらで読めばいいのか、ときどき迷います。何か法則はあるのでしょうか？

編集長――これも難問ですね。富士山は「ふじさん」であって、「ふじやま」と呼ぶのは主に外国人です。同様に磐梯山は「ばんだいさん」、男体山は「なんたいさん」。浅間山は「あさまやま」で、それぞれ「さん」と「やま」を置き換えて読むと、猛烈な違和感を感じるはずです。

釈――**たしかに。「ばんだいやま」とは誰も言わないし、「あさまさん」もヘンです（笑）。でも、伊吹山は「いぶきさん」「いぶきやま」、両方聞いたことがあるような気がしますが……。**

編集長――そうですね。この山についてはおもしろい話があります。伊吹山は地元に近ければ近いほど「いぶきやま」と呼んでいて、遠く県外の人は「いぶきさん」と呼ぶ人が多いようなのです。地元に密着している山こそ親しみを込めて「やま」と呼ばれている傾向があるのかもしれません。

釈――やはり伊吹山のように、両方の読み方をもつ山もあるのですね。「やま」と「さん」では、「やま」のほうが、音として聞いたときにやさしく、親しみのある感じがします。「さん」のほうは高くて、尊い印象。

編集長――「やま」は訓読み、「さん」は音読みですね。傾向としては訓読みの山名には「やま」、音読み山名には「さん」がつくことが多いです。ただし剣山「つるぎさん」のように音訓が交ざることもあるから、おもしろいですね。

釈――ひとつずつ覚えるしか方法はないのかしら。

編集長――自然に覚えていくと思いますよ。さらに混乱させるようで悪いけど、中国地方には「せん」と読む山もあります。伯耆大山「ほうきだいせん」、氷ノ山「ひょうのせん」、蒜山「ひるぜん」がそれです。

釈――読み分けは難しいけれど、人の名前を覚えるときのように、山の名前も愛情を持って覚えていきたいと思います。

Q 14 山の合目はどうやって決めるの？

富士山に登ると合目というのがありますよね。私は富士山に何度も登っていて、そのたびにこれはどのように決められているんだろうと疑問に思っています。標高差などの基準があるのですか？

編集長——麓から登りはじめて最初が一合目で、山頂が十合目。だいたい麓から山頂までの区間を10に分けて、登るときの目安になるようにつけられています。

釈——編集長と登ったときも確認したのですが、八合目がほかの区間より長かったんです。吉田口からは八合目、本八合、八合五勺とあって、なかなか九合目に着かない。でも、九合目から山頂はあっという間です。均等ではないのでしょうか？

編集長——そう、距離や標高差で決められているわけではないので、正確に均等というわけではないですね。では、どうやって決められたかというと、まず、富士山はご来光を見るために、古くから夜間登山がされていたんだけど、そのときに使う灯り、カンテラの油一合（約１８０㎖）が切れる場所を数えていった、というのがひとつの説です。ほかには山を一升に見立てて、それを10に分けた（一升＝十合）、梵語の「劫」（極めて長い時間の単位）が「合」に変わったという説もあります。実際には麓から山頂までの10等分が基本になっていると思いますが……。

釈――なるほど、説明していただくと、どれも説得力がありますね。

編集長――合目でおもしろいのは、磐梯山の山頂は五合目であること。これには、往復で十合目と考えるという説もあるけれど、もうひとつに、昔は富士山より高い山だったのに、上半分が噴火で飛んでしまって、五合目が山頂になったともいわれています。昔は富士山より高かったと主張したい会津の人たちの気持ちの表れかもしれないですね。でも、恵那山の前宮コースには二十合目まであるというから、必ずしも十合目が山頂とはかぎらなかったのかも。

釈――二十合目！　それは油断できないですね（笑）。そういえば、合目がない山もありますよね。

編集長――合目があるのはたいてい信仰の山で、古くから登られていた山が多いです。だから、近代登山以降に登られはじめた山にはあまり合目はありません。

Q 15 県境の山が多いのはなぜ？

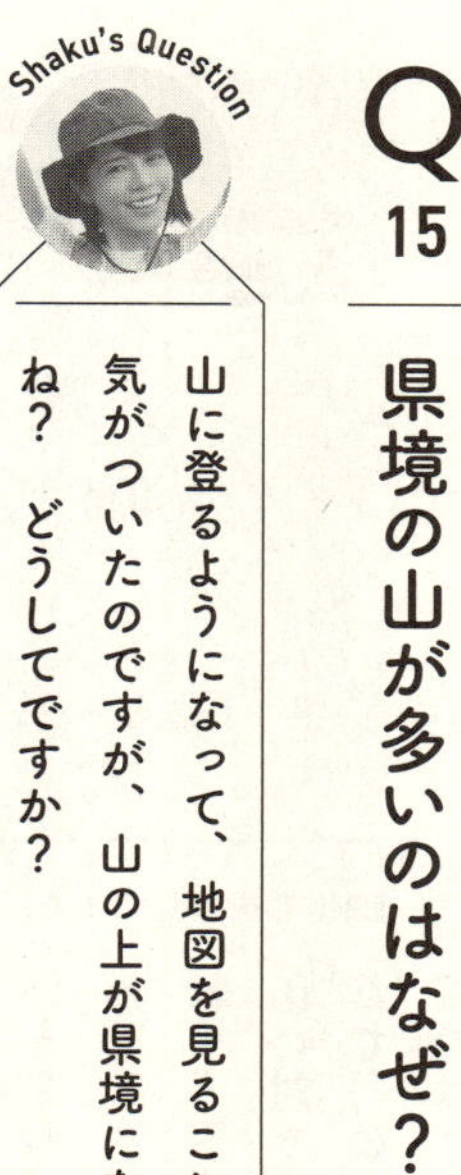

山に登るようになって、地図を見ることが多くなりました。そこで気がついたのですが、山の上が県境になっていることが多いんですね？　どうしてですか？

編集長——領地の境目として、山がわかりやすいからではないでしょうか？　山頂のこちら側は自分たちの領土、向こう側は隣の国というように、線を引きやすい。だから稜線に沿って一本の県境が引かれることが一般的です。でも、山頂を含めて山の稜線部だけ、他県を押しのけるように県境が延びているところがありますよ。

釈——**びっくり。稜線部分だけ自分の土地だなんて、いいとこ取りですね（笑）。**

編集長——それは福島県です。福島、山形、新潟の境になっている飯豊連峰を地図で見てみてください。よく見ると、三国岳から飯豊本山、御西岳にかけての稜線部分だけ、福島県が延びていることがわかります。

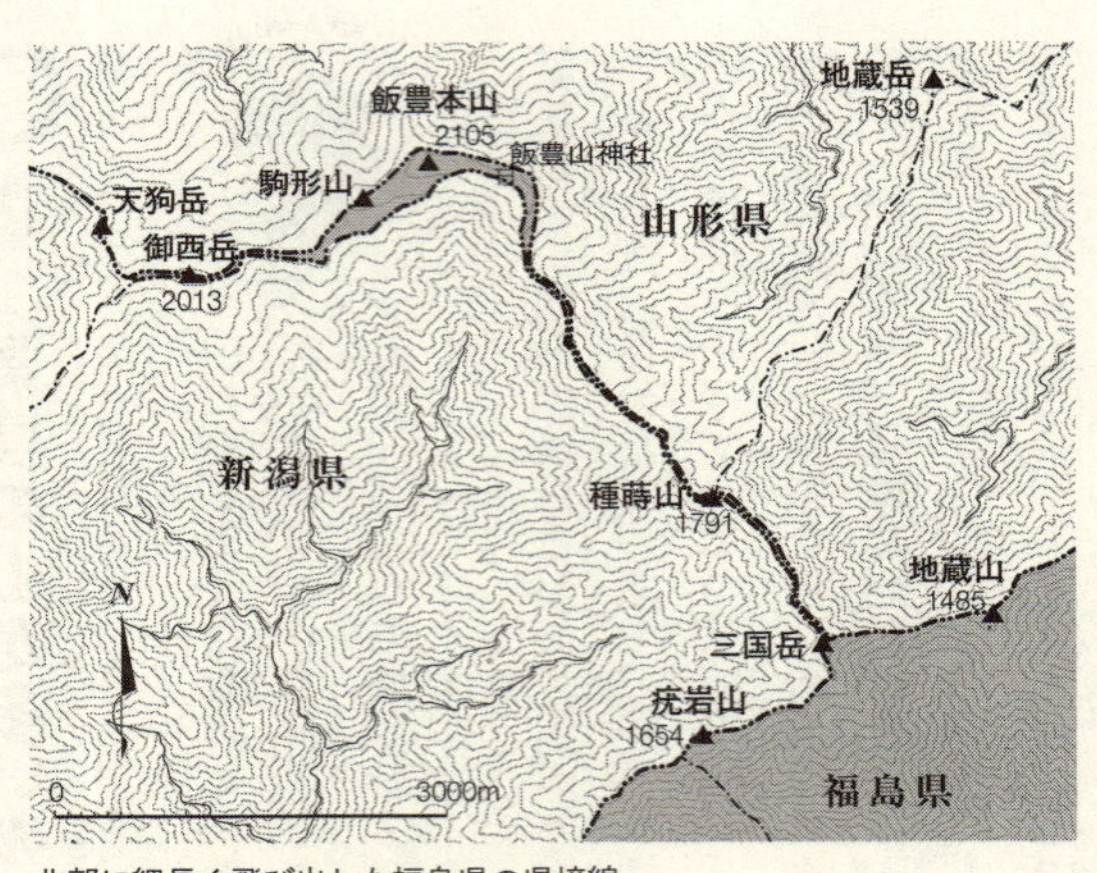

北部に細長く飛び出した福島県の県境線

釈——わあ、本当だ〜。おもしろすぎます！　この細長い部分が福島県なんですか？　全然気がつかなかった。福島県だけ切り取ったら、ここだけぴょ〜んって飛び出しているんですね。

編集長——そうですね（笑）。飯豊本山山頂の東側に飯豊山神社というのがあるでしょ。この神社が昔から福島県側の一の木村（現喜多方市）の土地であったという主張が認められ、その境内である山頂部も福島県になったのです。

釈——富士山もそうでしたが、昔からの山に対する信仰が県境にも生かされるなんて、なんだか山に親しんできた日本ならではともいえそうですね。

Q 16 沖縄にも山はあるのですね？

沖縄といえば海のイメージが強いのですが、映画の撮影で沖縄に行ったとき、名護のほうは意外に山深くてびっくりしました。沖縄にも山はあるのですね。

編集長——もちろんありますよ（笑）。山と溪谷社には各県ごとに山のコースを紹介したガイドブック「分県登山ガイド」というシリーズがあるのですが、そのなかに『鹿児島県・沖縄県の山』という本があります。沖縄本島、石垣島、西表島（いりおもて）などから選りすぐりの7コースを紹介しています。

釈——沖縄にも山があるということは、山がひとつもない県というのはないのですね？　その撮影では、沢でのアクションシーンがあって、山の中へ入ったのですが、そのときに沢登りをしている人を見ました。私も沢に入ったら、水がとっても冷たかったんです。6月で気温は高めだったのですが、冷たくてびっくりしました。

沖縄県の嘉津宇岳（かつうだけ・452m）山頂から名護市街を見下ろす

編集長――沖縄は滝も多くて、きれいな沢が多いから、沢登りのツアーも盛んですよ。ところで、沖縄県最高峰は於茂登（おもと）岳で標高５２６ｍです。都道府県別最高峰でいちばん低いかと思いきや、千葉県のほうが低いんですね。千葉県最高峰は愛宕（あたご）山で、標高４０８ｍですから。

釈――え！　意外。千葉県ってそんなに山が低いんですか？　でも、鋸（のこぎり）山は？　大きな山に感じましたけど……。

編集長――鋸山は３３０ｍ。愛宕山よりずっと低いんです。だけど、先ほど紹介したガイドブックで『千葉県の山』というのもあるのですが、これが何度も増刷をするぐらい、いっぱい売れています。

沖縄本島国頭村の大石林山（だいせきりんざん）は、ヤンバル（山原）地方の観光地としても知られる人気スポット

標高は低いけれど、都心から比較的近く、豊かな自然が残っているので、ハイキングには人気なんですね。

釈――千葉の山もおもしろそう！　ドライブが大好きだから、今度、自分で車を走らせて千葉の山へ登りにいってみます。

編集長――沖縄も、海だけではなく山にも注目して欲しいですね。

50コースが紹介されている分県登山ガイド『千葉県の山』

『鹿児島県・沖縄県の山』には沖縄県の5つの山が紹介されている

Q 17 「八ヶ岳」という山はないのですか？

山の友だちに「八ヶ岳に行ってきたよ」って話したら、「八ヶ岳のどこ？」と聞かれて戸惑いました。「八ヶ岳」というだけでは通じないこともあるんですね。

編集長――そうです。「八ヶ岳」というのは総体山名といって、主峰の赤岳をはじめ、阿弥陀岳、硫黄岳、天狗岳、縞枯山などピークがいくつもある山体の総称です。だから、山に詳しい人に話をすると八ヶ岳のどの山に登ったの？　と聞かれます。

釈――そうなんですね。そのときは北八ツの天狗岳でした。渋ノ湯から高見石と東天狗に登って渋ノ湯に下山する周回コースでした。下山日は雨がすごくて、苔むした岩が滑りそうで怖かったです。途中で休憩していたおじさんに「お姉ちゃん、何回転んだ？」って聞かれて笑っちゃいました。「いっぱい転んだ」って言ってほしかったと思うのですが、じつは一回も転ばなかったんです！

野辺山高原から見た八ヶ岳（写真＝小林千穂）

編集長――岩が濡れていると滑りやすいですからね。あの道を転ばずに下りてこられたのは優秀ですよ。そう、総体山名としてほかには「穂高岳」があります。

釈――奥穂高岳に登ったのでそれはわかります。ほかに北穂高岳、前穂高岳、西穂高岳などがあるから、正確に伝えるには穂高のどこかも言うといいんですよね。

編集長――そうですね。ちょっとややこしいのは「丹沢山」です。同じく総体山名で塔ノ岳、蛭（ひる）ヶ岳、檜洞丸（ひのきぼらまる）などのピークがあるんだけど、「丹沢山」というピークも実際にあるのです。これは丹沢の主峰でもないし、最高峰でもない。ただ「丹沢山」というと山域を指しているの

北穂高岳から見た前穂高岳（左）と奥穂高岳

か、ピークを指しているのかわかりづらいのです。そこで、最近は山域を指す場合はただ「丹沢」ということが多いです。

釈――たしかに山なのに「丹沢」といいますね。ところで、『日本百名山』は「八ヶ岳」「穂高岳」「丹沢山」などと総体山名で書かれていますが、どのピークに登ったら、登頂したと認められるのでしょうか？

編集長――山域の最高峰や主峰に登るのが基本だとは思います。丹沢でいえば蛭（ひる）ヶ岳になりますね。しかし、深田さんは「私が百名山の一つに丹沢山を取り上げたのは、個々の峰ではなく、全体としての立派さからである」と記しています。

丹沢・塔ノ岳山頂にて。山岳ライターの小林千穂ちゃん（左）と妹（右）とともに

決して最高峰の蛭ヶ岳や「丹沢山」という名の、ひとつのピークを指しているわけではないのですね。

釈――私は塔ノ岳に登りましたが、もう一度丹沢の奥深い魅力を味わってみたいです。

編集長――丹沢の最高峰、蛭ヶ岳もいい山ですよ。ツツジが咲く5月下旬あたりがおススメですね。ピンクのトウゴクミツバツツジ、純白のシロヤシオなどがいっしょに咲くので楽しいです。

釈――穂高岳も、奥穂高岳だけでなく、北穂や前穂にも登ってみたいです。

編集長――次は季節を変えて、ぜひ、紅葉のシーズンに登りましょう。

第2章

山のいちばん

Q 18 日本一低い山はどこ?

以前、テレビのCMで男の子たちが日本一低い山・天保山に行くのを見て、おもしろそうだなと思ったのですが、大阪の天保山がいちばん低い山でいいんですよね?

編集長——天保山(4・53m)が最も低い山といわれていたこともありましたが、いまは宮城県の日和山(3m)に代わっています。

釈——え〜! ではあのCMで見た「日本一低い山」の看板は間違いなのですか?

編集長——間違いとは言い切れませんが、これにはちょっと複雑な事情があるのです。以前、地形図に山名が表記されて、山として認められているなかでの最低の山は日和山(当時6m)でした。それが1996年に大阪にある天保山が地形図に山として記載されたので、日本一低い山はこの時点で天保山になりました。でも、2011年の東日本大震災の津波で日和山が削られてしまったのです。一時、山はな

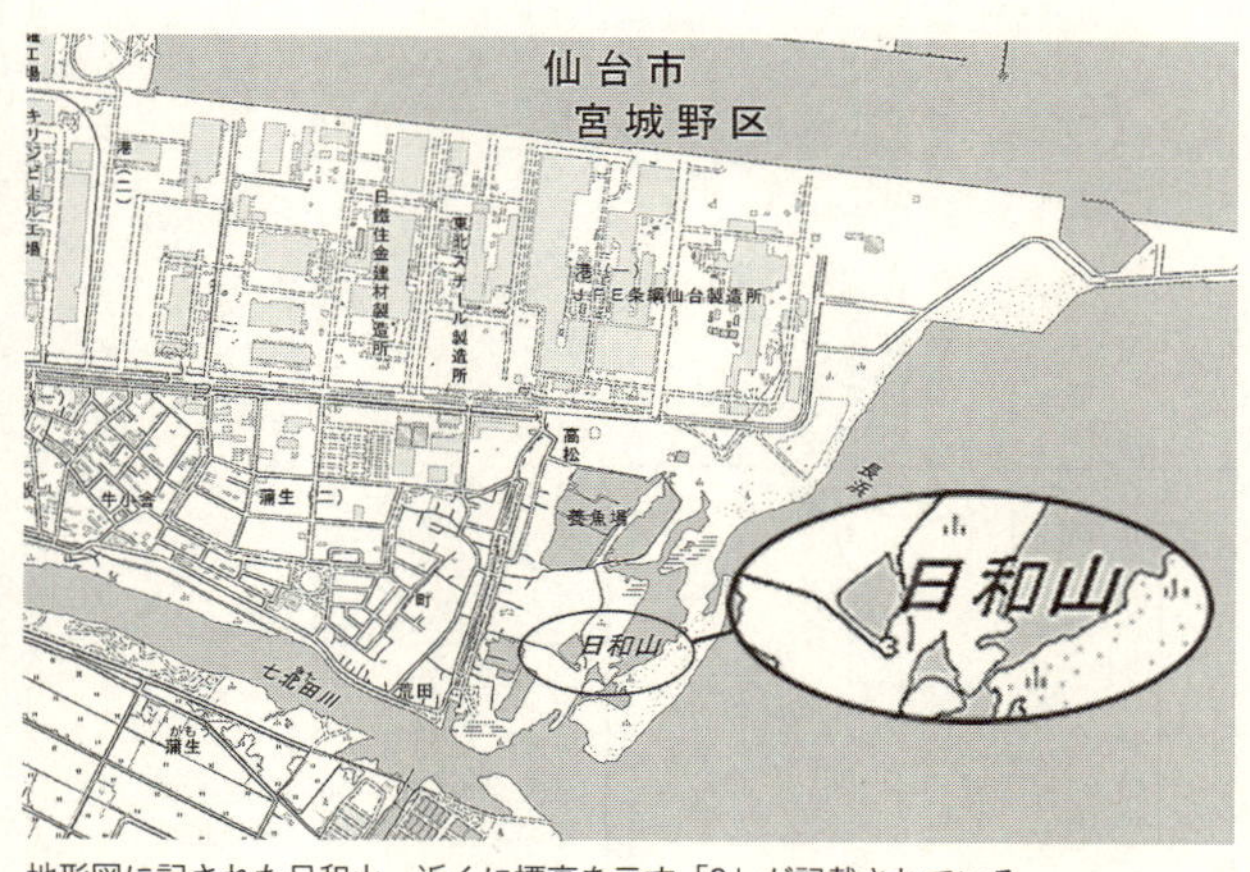

地形図に記された日和山。近くに標高を示す「3」が記載されている

くなったと考えられていたのですが、測量し直したところ、周辺の高さは3mあり、山が残っていることがわかったのです。それで再び日和山がいちばん低い山に戻ったんですよ。地形図にちゃんと山名も入っています。

釈――「日本一低い山」をめぐって、そのような話があったとは想像もしませんでした。

編集長――と、思って調べ直してみたら、なんと、標高0メートルの大潟富士の名前が地形図に載っているではありませんか！　いつ掲載されたのだろう、知らなかった。ごめんなさい。

釈――あ、本当だ。しかも等高線の近く

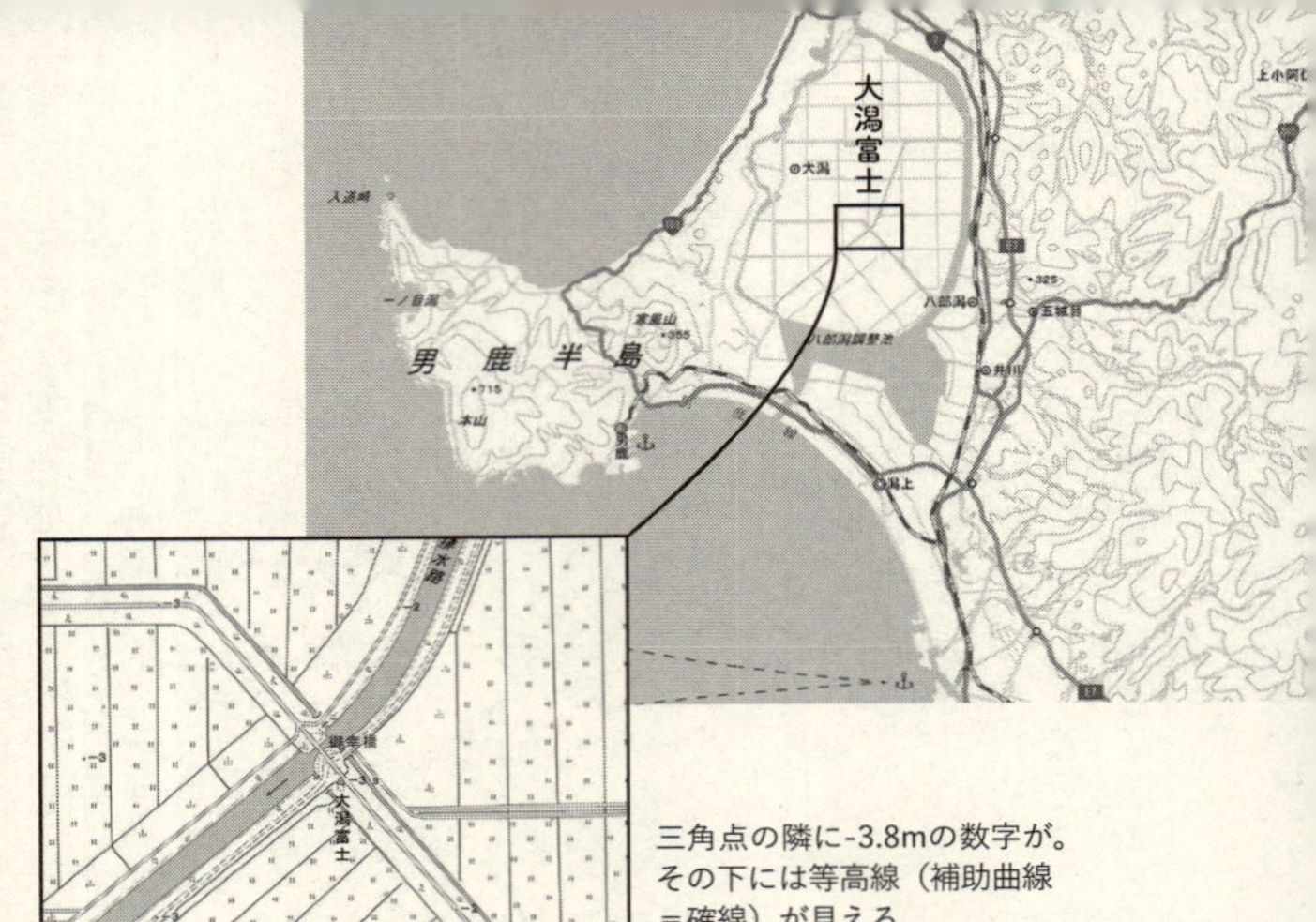

三角点の隣に-3.8mの数字が。その下には等高線（補助曲線＝確線）が見える

にマイナス3・8の三角点も記されていますね。

編集長――秋田県大潟村のホームページによると、村全体が湖を干拓してできているため、この周辺は海抜ゼロメートル以下なのだそうです。そこで、富士山の1000分の一の3・776mの築山を造って山頂が標高0mになるようにしたとのこと。麓には「日本一低い山　標高0米」と書かれた立派な標柱が立てられ、登頂記念証明書も干拓博物館で発行しているそうです。

釈――標高0m……。さすがにこれ以上低い山はなさそうですね（笑）。

Q 19 百名山でいちばん険しい山はどこ?

奥穂高岳に行ったとき、ザイテングラートや、穂高岳山荘の上の岩場を必死に登りました。奥穂高岳は百名山のなかでも険しいですよね。でも、もっと険しい山もあるのですか?

編集長──一般登山道のいちばんポピュラーな登山道から山頂に登ることで比べれば、やはり北アルプスの剱岳でしょうね。剱沢から登る別山尾根の山頂直下に「カニのタテバイ」という鎖が付けられた難所があるのですが、もし鎖がなければ、あそこはりっぱなクライミングルートになりますから。

釈──**写真を見ても岩がギザギザしていて、ひと目で険しい山だとわかりますね。奥穂高岳より難しい山があるなんて、私にはちょっと想像できないです。険しいというのは岩場が多いという意味ですか?**

編集長──剱岳はそうですね。山深いという意味で険しいといえば、飯豊連峰でしょうか。山が大きくて行程が長いうえ、食事を出してくれる山小屋が少ないので、基本的に食料や寝袋を自分で担いでいかなくてはならないですから。ところで、釈さんは、いずれ剱岳に登ってみたいと思いますか？

釈——ええと。編集長に連れて行っていただいた奥穂の岩場が精いっぱいだったので、いまはまだ考えられません。でも、いずれめざしてみたいと思っています。

編集長——「カニのタテバイ」は奥穂高岳の岩場をもっと急にして、さらに高度感が感じられる急峻で長い鎖場となっています。下りでも「カニのヨコバイ」の岩場や、不安定な岩の斜面が連続する前剱の下りなどの難所があるので、岩場の歩行技術を十分にマスターしてから挑戦したいですね。

別山から見た剱岳。左側から前剱を経て山頂に続くのが、一般的に登られている別山尾根

Q 20 いちばん登りづらい百名山はどこですか？

日本百名山のなかには剱岳のように岩場の困難さで登りづらい山があることはわかりましたが、山の深さや歩行時間の長さで大変な山はどこでしょうか。

編集長――登山口から最短コースをたどって頂上までの時間を試算したところ、水晶岳が高瀬ダムから13時間と、最も遠い山頂であることがわかりました。ちなみに私たちが登った鷲羽岳も新穂高温泉から10時間30分と、2番目に時間がかかる山です。山と溪谷社の登山地図マネジャー「ヤマタイム」で調べたところ、入山口から頂上までの最短コースタイムが10時間以上の山はこの2山だけでした。

釈――**鷲羽岳！　あのときは私もバテましたからね～。でも、南アルプスや東北にはもっと時間のかかる山があるのでは？**

編集長――山の深さでは赤石岳や荒川三山あたりが最も遠いような気がしたのです

が、林道が奥まで延びているので、歩きはじめの起点から計算すると8時間前後で頂上に着くようです。もっともアプローチそのものも時間がかかる場所なんですけどね。ちなみに北海道の幌尻岳は8時間50分。飯豊連峰の飯豊本山は8時間20分。『日本百名山地図帳』で最も大変な百名山とされていた黒部五郎岳も、飛越新道を使えば8時間45分でした。ただし、これらはあくまでも単純にコースタイムを積算しただけのデータです。実際に登るのがどれだけ大変なのかは、途中の宿泊施設や登山道の高低差などで変わってくるのだと思いますけどね。

釈――たしかにそうかもしれませんね。鷲羽岳は急登の少ない小池新道をたどり、快適な山小屋に泊まりながらの山行だったので、つらかったのは最後の登りだけでした。水晶岳が近くに見えましたが、さすがにそこまで足を延ばす気持ちにはなれませんでしたね。水晶岳は百名山完登の「ラスボス」のような存在ですね。

編集長――百名山の最後の一座が水晶岳、という人はけっこう多いようです。実際に近くの山小屋で百山完登のお祝いをされている方を見かけました。

釈――ちなみに編集長の百座目はトムラウシ山でしたよね。あの山も大変だと聞いています。ほかに「ラスボス」的な百名山ってありますか？

編集長――トムラウシは短縮コース登山口を使えば約5時間で頂上に立てるので、ハードですが日帰りも可能です。私は旭岳から3日をかけて縦走して登りましたけどね。花がきれいな7月初旬がおススメです。で、登るのが大変で、つい最後まで残ってしまう山として有名なのは光岳です。なにしろ登山口から山小屋まで、標高差1800メートルあまりを8時間かけて登らなければなりません。

釈――なるほど。単純なコースタイムの積算よりも、1日の歩行時間や高低差が難度につながるというわけですね。

編集長――ほかには笠ヶ岳や皇海山なども1日の長時間行動を強いられるので「ラスボス」的な存在といえるでしょうね。どうぞ心して登ってください。

北アルプスの最深部にそびえる水晶岳

百名山最後の一座に選ばれがちな光岳

Q 21

百名山でいちばん登りやすい山はどこ?

信州にドライブに行った際に霧ヶ峰と美ヶ原をいっしょにまわってきたのですが、あっけなく頂上にたどり着けました。日本百名山でいちばん簡単な山はどこでしょうか?

編集長――楽に登れる百名山を選ぼうとしたら、そのふたつは間違いなくトップ5に入ってくるでしょうね。なかでも霧ヶ峰の最高地点・車山へは、リフトを乗りつげば5分とかからず頂上に立つことができてしまいます。その2山がいちばん登りやすいのかも。釈さんは頂上まで行かれました?

釈――**いいえ、近くを散策しただけで移動してしまいました。でも、あまりにも簡単に登れてしまうと、山に来たありがたみが薄れてしまいますよね。**

編集長――同感ですね。深田久弥さんの『日本百名山』には、霧ヶ峰で一夏を過ごして高原状の「遊ぶ山」の楽しさを十分に味わったとあり、美ヶ原については高原

霧ヶ峰の最高点、車山に立ったらぜひ、蝶々深山〜八島湿原へと歩きたい

八幡平は、樹林のなかの最高点よりも、開けた八幡沼周辺の湿原が魅力的だ

風景をスイスのアルプに重ね合わせ、その広大さと展望のすばらしさを称えています。いまはビーナスラインができて誰でも手軽にアクセスできるようになりましたが、いずれも深い魅力を持った山なのです。たやすく登れるということは初心者にとって歓迎すべきことだと思いますが、頂上を含めてどこを歩くか、事前に調べておけば、その山をもっと深く知ることができると思いますよ。

釈——ほかにも登りやすい山ってありますか？

編集長——交通機関をフルに使って1時間以内で登れる百名山、という条件ならば、霧ヶ峰、美ヶ原のほかに八幡平（はちまんたい）、蔵王山、那須岳、大台ヶ原山などが挙げられます。いずれもバスやロープウェイを使えば誰でも簡単に登れます。ただし、夏や秋のハイシーズンには登山者だけでなく、一般観光客の行列ができるほどの混雑が予想されますので注意しましょう。

釈——最短コースだけでなく、いろいろなコースをうまく組み合わせて、それぞれの山の個性が味わえるような山行計画を考えてみたいものですね。

Q22 日本でいちばん事故の多い山はどこですか？

山に登るときは、どんな山でも気をつけなければと思っています。でも、日本でいちばん事故が多く起きていて、とくに気をつけなければならない山はどこでしょうか？

編集長——事故が多いのは谷川岳です。２０１３年の時点で死者が８０６人といわれていて、日本どころか、世界ワーストワンです。でも、これは昭和30年代の登山ブームのころの一ノ倉沢や幽ノ沢の岩壁でのクライミング中の事故がほとんどだったのです。

釈——**ひとつの山で800人以上の方が亡くなっているなんて……。聞いただけで怖くなってしまいます。**

編集長——谷川岳は、都心から夜行日帰りで行ける場所に穂高岳や剱岳にも劣らないスケールの岩場があることから、初登攀をめざすクライマーたちが一度に大量に

谷川岳の一ノ倉沢には中級山岳とは思えないほどの広大な岩壁帯が広がっている

急峻な岩場が続く穂高連峰の縦走路では、転・滑落に注意が必要だ

押し寄せたという過去があります。天気が不安定なことに加え、岩が逆層で滑りやすい部分があり、多くの登山者が命を落としてしまいました。一般登山道ではやはり穂高岳や剱岳でしょうね。岩場が多いところはどうしても事故が多く発生します。

釈――以前、奥穂高岳に登ったとき、同じ日に滑落事故があったと聞いてショックを受けました。山は楽しい一方で、危険と隣り合わせであることを忘れず、慎重に行動するようにします。

編集長――岩場ではけっして最後まで気を抜かないこと。特に下りでは転落・滑落しないよう、十分に注意しましょうね。

奥穂高岳の岩場を慎重に登る釈さん

Q23 日本でいちばん登山者が多い山はどこ？

富士山はいつ登っても、登山者がいっぱいいます。日本の山で登る人がいちばん多いのはやっぱり富士山ですよね？

編集長――そう思う人は多いと思いますが、じつは違うのです。富士山ではなくダントツで高尾山ですよ。富士山は年間約20～30万人、それに比べて高尾山は３００万人と言われてますから、富士山の10倍もの人が登っていることになります。

釈――高尾山ってそんなにすごいんですか⁉　富士山はいつも登山者が行列になっているのに、意外に数は少ないのですね。

編集長――富士山は一般的に雪のない7月初めから9月初めまでの約2カ月間しか登れませんからね。２カ月で30万人の計算で、仮に一年中登れたとしても１８０万人だから、やはり高尾山の３００万人はかなり多いです。

釈――ああ、そうでしたね。高尾山の３００万人というのは、ケーブルカーやリフ

登山者であふれ返る秋の高尾山山頂

トを利用して登る人も入っているのでしょうか？

編集長――入れての人数です。それにしても、単純計算で1日約8200人もの人が登っているのですから、いかに人気かわかるでしょう。私もこの前、登ってきたのですが、山頂は休憩する場所もないほどの人でした。

釈――私も紅葉シーズンに行ったことがあるのですが、そのときも前に進めないくらいの人がいました。当時は山のことを全然知らなかったのでサンダルで行ってしまって、薬王院下の階段で足が痛くなり、ひどい目にあった経験があります。知らないって怖いですね（苦笑）。

Q24 登山者数世界一の山はどこですか？

では、高尾山が世界でいちばん登山者が多い山ですよね？　だって、あれ以上混んでいる山は考えられないですもの。

編集長――ああ、これも残念！　世界にはもっと入山者が多い山があります。それはお隣の国、韓国の北漢山（プッカンサン）（８３６ｍ）です。

釈――え～。さらにすごい山があるんですか。それはどんな山ですか？

編集長――首都ソウルから地下鉄とバスで１時間ぐらい行ったところにある山です。高尾山もちょうど都心から１時間ぐらいですよね。位置関係も雰囲気も高尾山によく似ていますよ。驚くことにその山と、もうひとつの道峰山（トボンサン）（７４０ｍ）を合わせた北漢山国立公園には年間６３０万人もの人が来るそうです。私は「ピオレドール・アジア」の審査のために韓国に行くついでに北漢山にもよく登りましたが、いつ行っても人がすごいです。ハイキングだけでなく、クライミングもできる岩山な

地下鉄の道峰山駅から登山口に向かう人たち

のが特徴ですね。

釈――630万人！　高尾山の2・1倍ですね。韓国でも登山がはやっているのですか？

編集長――韓国では約20年ほど前に国民の健康維持のためにスポーツ振興政策をとって、そのころから登山ブームが起こったと聞きました。国民の3分の1ぐらいが登山をするといわれていて、総人口は日本より少ないけれど、登山人口はずっと多いんです。

釈――韓国は高い山がないから、登山者もそれほどいないのだと思っていました。では韓国にもアウトドア・ショップがたくさんありそうですね。

編集長——ありますよ。ソウルの東大門（トンデムン）には登山用品店がズラリと並んだ通りがあり、北漢山やお隣の道峰山の登山口も、道の両側が全部、登山用品店になっています。日本には未入荷の海外ブランドの商品や、大衆向けの廉価な商品も並んでいるので、眺めるだけでも楽しめます。

釈——へえ、おもしろそう。韓国のアウトドア・ショップ、いつか行ってみたいな。

北漢山の白雲台（ペグンデ）と、右にクライミングで有名な仁寿峰（インスボン）。白雲台は標高836mながら急峻な岩場の登高を含み、スリリングな山行が楽しめる

北漢山の北にそびえる道峰山の縦走路。こちらもハイキングとクライミングが楽しめ、平日でも多くの登山者でにぎわっている

Q 25 いちばん難しい登山道はどこ？

日本百名山のなかでいちばん険しい山は剱岳と聞きました。そこでは一般ルートという限定だったのですが、登山道として日本でいちばん難しいのはどこですか？

編集長——ガイドブックに紹介されている登山コースとしては、やはり西穂高岳から奥穂高岳の縦走でしょうね。西穂高岳頂上からいきなり困難な岩場が始まります。間ノ岳からの高度感ある下り、天狗ノ頭周辺の滑りやすい岩肌、そして行く手に立ちはだかるジャンダルムとロバの耳……。最後まで気の抜けない岩稜地帯が2キロにわたって続くような登山道はほかにありません。あまり整備の手が入っていないため、道を外れると落石や転落の恐れがあり、実際に事故の多い稜線なのです。

釈——聞いただけで怖くなりました。奥穂高岳の頂上からジャンダルムを見たとき、あんなところに道があるということが信じられなかったです。

奥穂高岳から見たジャンダルム。西穂高岳ははるか先だ

編集長――ほかに難しい登山道としては、涸沢岳～北穂高岳や劔岳早月尾根などがありますが、長さや不安定感などで、やはり西穂～奥穂間の稜線に軍配が上がります。鎖などが整備された登山道で、これに近い難しさがあるのは妙義山の表妙義縦走路ですね。長く困難な鎖場が連続し、腕力が尽きたら助からないような場所も随所に見られます。

釈――どうしてそんな難しいところに行きたがるのでしょうね？

編集長――やはり岩稜縦走の楽しさでしょうね。次々に現れる困難な岩場や鎖場を乗り越えて、めざすピークに立てたときの喜びはひとしおです。ジャンダルムなどの岩峰を登り、越えてゆく楽しみもあります。ただし、一瞬の気のゆるみが転落＝死を招くような場所もあるので、北アルプスの一般縦走路を2～3回歩いた程度の経験ではとてもお勧めできません。

釈——まずは私の目標である槍～穂高縦走で経験を積んで、自信がついたら挑戦してみようかな？

編集長——そうですね。まずは槍～穂高縦走を目標にしてから、次の挑戦候補ということにしましょう。奥穂～西穂間を歩くためには、北鎌尾根などのバリエーションルートに挑むくらいの覚悟と準備が必要だと思ってください。

奥穂高岳からジャンダルムをめざす途中、ロバの耳の岩場にて

Q 26 世界一のエベレスト、私でも登れますか？

2013年には三浦雄一郎さんが80歳の年齢で登られて、みんなの関心を集めましたよね。最近、何人かのタレントさんが挑戦したことでも話題です。私でも登れるのでしょうか？

編集長——え！　釈さんはエベレストに登りたいと思っているの？

釈——いえ、いまのところは全然そんな気持ちはないです（汗）。ただ、ちょっとうかがってみたくて……。

編集長——あ、そういうことですね。いきなりで、びっくりしました（笑）。答えはイエス。トレーニングすれば登れます。エベレスト登山はいま、ツアー化されていてサポート態勢がしっかりしているので、体力があり、ガイド料を支払う財力があり、高所順応がうまくいけば技術的には難しくないのです。

釈——かなり標高が高いのでしょうが、どのくらい高いかイマイチ想像できません。

編集長――そうですね。エベレストの標高は8848m。富士山が3776mで、富士山をふたつ重ねても7552mだから、それよりまだ1000m以上高いのです。飛行機がだいたい高度1万mぐらいのところを飛んでいるから、それと比べると感覚的にイメージしやすいかもしれません。

釈――え〜! そんなに高いんですか。登るのは絶対に無理な気がしてきました。

編集長――でも、ベースキャンプの高さが5300mなので、そこからだと標高差約3350m。標高差だけで考えれば、富士山に裾野から登るぐらいのものです。とはいっても、標高が違いますから、いきなりエベレストに登るのは無理でしょうね。少なくともその前に6000m以上の山に登り、さらにほかの8000m峰に登るなど、ある程度の高度を経験しておかないと厳しいです。

釈――空気も薄いのでしょ? 一歩足を出すのも、呼吸が苦しいと聞きます。

編集長――エベレスト山頂は地上の3分の1の気圧、つまり平地の3分の1の空気の薄さですから、標高8000m以上は酸素ボンベを使って登るのが主流です。

釈――ありがとうございます。いまの話を聞いただけでも、私は遠慮しておこうと思いました(笑)。

空から見たエベレスト。その高さは周囲の山々から群を抜いている

頂上をめざさなくとも、エベレスト街道のトレッキングだけでも十分楽しむことができる。ホテル・エベレストビューから見たローツェ（右）とエベレスト

Q 27 世界でいちばん難しい山はどこですか?

エベレストが世界でいちばん難しい山だって思っていましたが、前のお話を聞いているとそうでもないようですね。ほかに難しい山はあるのですか?

編集長——前にも話したようにエベレストは標高8848m、第2位のK2は8611m、第3位のカンチェンジュンガは8586mで、高さでいえばエベレストはダントツに高いのです。日本で富士山が抜きん出て高いのと似ていますね。でも、必ずしも標高の高い山が難しいとはかぎらないのですよ。Q19で説明したとおり、日本では富士山より剱岳や穂高岳のほうが登るのが難しいですよね。世界の山もそれと同じで、エベレストより、断然K2のほうが難しいのです。

釈——それは私もわかるような気がします。登山を始める前は、富士山しか山を知らなかったので、富士山がいちばんスゴイ山だと思っていました。でも、奥穂高岳

に登ってみたら、富士山の10倍以上大変だと思いました。富士山はがんばって足を運べば山頂に着けるけど、奥穂はそうではないですものね。体力的にもきつかったですが、岩場があるので危険度が高いし、集中力を欠かせないから精神的にも大変でした。エベレストとK2もそのような感じなのでしょうか。

編集長——そうですね。K2はエベレストよりも急峻な岩場があったり、雪崩の危険が高いということもあるのですが、エベレストのようなサポート態勢がないということが大きいですね。エベレストは現地のガイドが作ってくれたルートをたどればいいのですが、K2は自分たちでルートを切り開いていかなければなりません。食糧などの補給もしづらいので、自分たちで運ばなければならないし……。もっとも、技術的に難しいという意味では、むしろ7000m級の山のなかに手強いルートが数多く残されており、世界のトップクラスのクライマーたちは、より困難で美しいルートをこれらの山々に求めているのが現状です。

釈——なるほど。山のことを知るまでは、単純に標高の高い富士山に登れる人がすごいのだと思っていましたが、必ずしもそうではないということがわかります。世界の山も同じなのですね。

Q 28

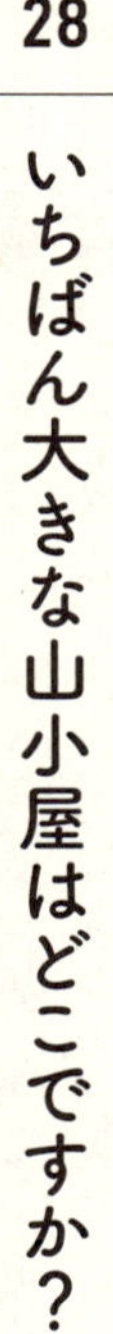

いちばん大きな山小屋はどこですか?

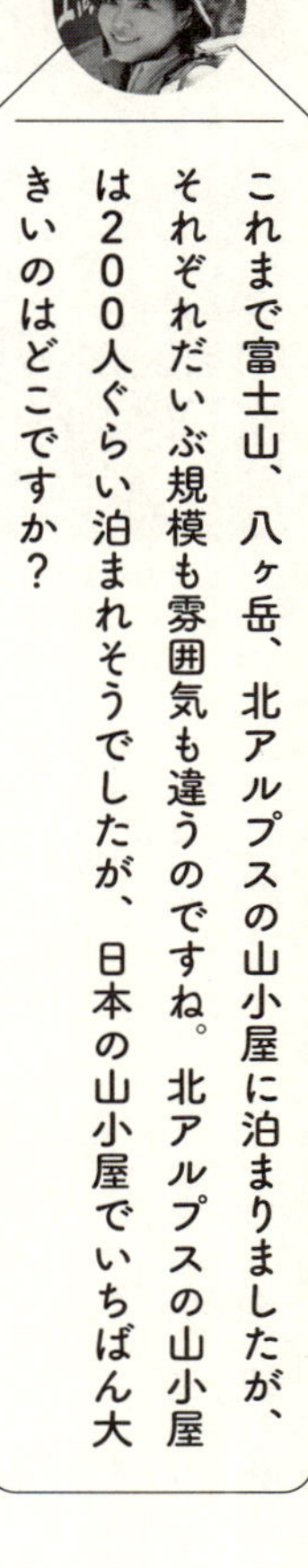

編集長——収容人数、つまり泊まれる人の数がいちばん多いのは白馬山荘の８００人です。

釈——800人? えー! 白馬岳の頂上近くに建つ山小屋ですよね。そんなに泊まれるのですか? すごいですね。

編集長——たしかに。また、白馬山荘の直下にある村営白馬岳頂上宿舎も大きな山小屋で、収容人数３００人を数えます。

釈——大きな山小屋があるということは、それだけ人気なのですね。

編集長——夏でも長い雪渓を歩ける白馬岳は、1960年ごろは北アルプスで最も人気の高い山で、夏には登山者が押し寄せていたんですよ。新宿からの臨時夜行電車が何本も出たくらいで、それこそ大雪渓は大行列だったようです。それだけ多くの人が来ていたから、大きな収容力のある山小屋が必要だったということです。

釈——白馬岳は高山植物がきれいなんですよね。子どものころ家族で八方尾根のスキー場に行ったことがあって、親しみを持っているのでぜひ行ってみたいです。

白馬山荘のレストラン「スカイプラザ白馬」

編集長——白馬山荘のレストラン「スカイプラザ白馬」は、剱・立山連峰や富山湾まで見える展望抜群のレストラン。くつろぎのひとときをぜひ。

Q 29 山がいちばん多い都道府県はどこ？

日本で最も山が多い県はどこですか？　なんとなく長野県のような気がするのですが……。

編集長――残念。１位は北海道で、長野は３位でした。こちらの表をご覧ください。

釈――あれー、意外でした。日本一の山岳県というイメージがあったのですが、違うんですね。

編集長――はい。この順位は県の面積にも関係していますね。当然、広いほうが有利ですから。北海道は別格としても、面積２位の岩手県や３位の福島県は上位に入っています。ちなみに長野県は面積でも４位です。

釈――新潟が２位というのが意外でした。しかも３位の長野県に大きな差をつけている。

編集長――日本百名山の数を数えると１位は圧倒的に長野県なんです。１００山の

都道府県の山数順位　ヤマケイ新書『日本の山を数えてみた』（武内正・石丸哲也著）より

順位	都道府県	山数
1	北海道	1383
2	新潟県	965
3	長野県	903
4	岩手県	895
5	福島県	868
6	岡山県	674
7	山形県	656
8	秋田県	629
9	長崎県	592
10	広島県	543
11	山口県	520
12	島根県	505
13	岐阜県	454
14	鹿児島県	452
15	兵庫県	450
16	青森県	439
17	群馬県	405
18	宮城県	401
19	静岡県	380
20	熊本県	361
21	宮崎県	347
22	和歌山県	344
23	愛媛県	343
24	大分県	326
25	山梨県	320
26	福岡県	305
27	高知県	303
28	栃木県	295
29	富山県	265
30	京都府	256
31	石川県	226
32	香川県	207
33	福井県	203
34	奈良県	197
35	三重県	182
36	東京都	179
37	滋賀県	168
38	徳島県	164
39	鳥取県	157
40	佐賀県	146
41	神奈川県	134
42	愛知県	130
43	茨城県	119
〃	埼玉県	119
45	沖縄県	117
46	大阪府	111
47	千葉県	67

※山の数は2万5000分1地形図に山名として記載された山、全数は1万7079山を集計。都府県境界の山は該当都府県に重複してカウント。

＊都府県境界の山は該当都府県に重複してカウント。

うち29山が長野県にあるのですね、県境を含めてですが。それに比べると新潟は9山。町や村に近くて親しまれている山が多いということかもしれませんね。北は飯豊連峰、南は谷川連峰、そして西には妙高連峰、北アルプスと、守備範囲の広さはなかなかのものです。

釈——なるほど。そういえば山の数の質問のとき、1県あたり平均360山と聞いていましたが、67山の千葉県は少なすぎませんか？

編集長——千葉県自体は里山に恵まれ、けっして山が少ないわけではないのですが、標高の低さから地図に名前が載るような山が少なかったのかもしれませんね。

釈――9位の長崎県も意外でした。

編集長――広島や岐阜よりも上というのには私も驚きました。面積だって37位と広くないのに……。これは調べてみる必要がありそうだということで、よく調べてみたら島の山の数のせいだということがわかりました。長崎県の対馬には、島単体でなんと174もの山があったのです。

釈――174！　神奈川県や埼玉県の山の数よりも断然多いじゃないですか。

編集長――驚きの数字ですよね。滋賀県以下、11の府県の山の数が、対馬の山の数よりも少ないのですから……。ちなみに全体で二番目に山が多い新潟県には佐渡島の64の山が含まれていますが、この島の山の数を引いてしまうと3位の長野県と入れ替わってしまうのです。

釈――島の山、なかなか侮れないものがあるのですね。

島別山数

ヤマケイ新書『日本の山を数えてみた』（武内正・石丸哲也著）より

順位	島名	山数	都道府県
1	対馬	174	長崎
2	佐渡島	64	新潟
3	屋久島	56	鹿児島
4	択捉島	46	北海道
4	天草・下島	46	熊本
6	中通島	42	長崎
7	沖縄島（本島）	36	沖縄
8	福江島	30	長崎
9	淡路島	25	兵庫
9	隠岐・島後	25	島根
9	奄美大島	25	鹿児島
12	石垣島	21	沖縄
13	天草・上島	20	熊本
14	父島	19	東京
14	平戸島	19	長崎
16	壱岐島	17	長崎
17	小豆島	16	香川
18	母島	15	東京
19	西表島	14	沖縄
20	国後島	13	北海道

Q 30 日本でいちばん標高の高い温泉はどこ？

私は温泉が好きすぎて、温泉ソムリエの資格を取ったほどなのです。山の高いところで温泉に入れたらいいなと思うのですが、いちばん標高が高い温泉はどこですか？

編集長——いちばん高いところにある温泉はみくりが池温泉です。標高２４３０ｍ、立山の麓、室堂（むろどう）にある温泉です。その高さにあって１００％源泉掛け流しなんですよ。大きな窓から山が見えて気持ちのいい温泉です。ところで、温泉ソムリエって、どんな資格ですか？

釈——泉質の種類やその効能など温泉の正しい知識や、入浴法を身につけた人に認定される資格です。だから私、温泉にはちょっとうるさいんですよ（笑）。みくりが池温泉は、息子が６歳の年のゴールデンウイークに行きました。酸性泉でスッキリした硫黄の香りがして疲れた体が癒されました。

編集長――室堂周辺にあるほとんどの宿泊施設では温泉に入れますから、ありがたいことです。次に高いところにあるのは八ヶ岳の本沢温泉（2100m）です。通年営業で露天風呂がある温泉としてはここが最高所です。

釈――山のなかに露天風呂があるんですか？　大好きな山と温泉がいっしょに楽しめるなんて、最高ですね。

編集長――浅間山の近くにある高峰温泉も標高2000m、「雲上の露天風呂」が楽しめることで知られています。あとは、北アルプスの高天原というところにある温泉も標高約2060mで高いですね。ここは、山の中に浴槽が作られているだけの、野趣満点の温泉です。いちばん短いルートをとっても、1泊2日はかかる秘湯中の秘湯です。近くには雲ノ平という、開けていてとても気持ちのいい場所があるので、3泊4日程度と日程をたっぷりとって訪れる人が多いですよ。

釈――雲ノ平！　そこは父がテント泊で行きたいと言っていた場所です。そのためにテントや寝袋もプレゼントしたんですよ。湿原があったりして、とってもいい場所のようですね。父といっしょに行くことはできなくなってしまいましたが、いつか息子といっしょに行ってみたいと思います。

日本で最も遠いところにある露天風呂、高天原温泉

水晶岳山頂付近から見た雲ノ平。北アルプスの名だたる高峰に囲まれた別天地だ

第3章

山の歴史

Q 31

どうしてヤッホーと叫ぶようになったの？

山頂に着いたときや、やまびこの声を聞くときなど、山ではよくヤッホーって叫びますよね？　私も子どものころ、叫んで遊んだ記憶があります。でも、何でヤッホーって言うんですか？

編集長——これは難しい質問です。「ヤッホー」の由来には諸説あって、いまのところどれが正解と言いきれないのですよね。でも、とりあえず調べましたので紹介しましょう。

釈——本当ですか！　よろしくお願いします。

編集長——「ヤッホー」って、あらためて考えてみるとおもしろい言葉ですよね。語源についてはいくつか説があるのですが、私はドイツ語伝来説が有力なのではないかと思っています。まず、いつごろ日本に伝わったかですが、私の知る範囲でいちばん古い記録に残っているのは、１９１８（大正7）年末のことです。「板倉勝宣、松方三郎が山形の五色温泉〜家形山〜信夫温泉のスキーツアーの際、暮れた山中で〈ヤーホー〉を交わした」という内容の文章が残っています。その背景にはオーストリア人・クラッツァーの影響があるようです。クラッツァーは1911（明治44）年に来日し、五色温泉でスキーの講習会を開催。そこを訪れた板倉勝宣、松方三郎らが、オーストリアのスキー技術を習うなかで身につけた習慣、つまり遠くにいる仲間への呼びかけの言葉として、ドイツ語の「ヤーホー」が定着していったと想像されます。

釈――ヤッホーはもともとドイツ語だったのですか！　日本だけの言葉だろうと思っていました。

編集長――ほかにも山頂で「神よ」の意味で「ヤハウェ」と叫んだ故事とか、ヨーデルの一部から引用されたとか、英語の「エコー」が語源だろうという説もあります。また、カナダが発祥という説もあるようです。カナダのBC州にはヨーホー国立公園があり、そこには槇有恒らが1925（大正14）年に初登攀したことで有名なマウント・アルバータがあります。この地名にもなっている「ヨーホー（Ｙｏ－ｈｏ）」は、先住民たちの言葉で「驚き」や「すばらしい」を意味するとのこと。

そこから、眺めのいい山頂などで感動を表す言葉として「ヨーホー」と叫ぶ習慣が生まれたともいわれています。

釈——いろいろな説があっておもしろいですね。天気のいい日に山頂で大きな声を出したら気持ちいいですものね。

編集長——そうですね。単独登山で有名な加藤文太郎も、著書『単独行』のなかで「仲間にエホーを送る」と記しています。それは1928(昭和3)年、八ヶ岳に登ったときの記録なので、そのころには全国の登山者の間に広がっていたと考えられますね。

釈——有名な登山家たちも「ヤッホー」と叫んでいたと思うと、なんか親しみがわきます。でも仲間を呼ぶのなら「おーい」じゃダメだったのでしょうか?

編集長——日本では普通、遠くにいる人を呼ぶときは「おーい」ですよね。でも、山で「おーい、おーい」って叫ぶと、遭難して助けを求めていると誤解されることがある。それと区別するために「ヤッホー」って言うようになったともいわれています。「おーい」より「ヤッホー」のほうが、声が高くなって、遠くまで聞こえそうだしね。

釈——なるほど！　ただ友だちを呼んでいるだけなのに、遭難と間違えられたら大変。

編集長——そう。でも、居場所を知らせるのに、みんなが同じように「ヤッホー」って叫んだら、誰に向かって声をかけているのかわからないですよね。それを区別するために社会人山岳会や大学山岳部では、それぞれ「ヤッホー」にアレンジを加えていったのです。たとえば緑山岳会では歌舞伎の口上や大相撲の呼び出しで耳にする「トザイ・トーザイ（東西東西）」などと言ったり、登歩渓流会は「バッキャロー」、山学同志会では「ドシ・ドーシ」というように、独自の掛け声を使っていたんですよ。これは登山道のない山歩きや岩登りの最中、または夜の行動などで、お互いの存在位置を伝えるときに有効だったし、自分の仲間が近くにいることがわかって心強かったりしたものなんです。最近は団体で登山すること自体が少なくなってきたし、通信機器も発達してきたので、こうしたコール（ヤッホーに代表される声かけ）を交わす機会はほとんどなくなってしまいましたけど。

釈——「バッキャロー」ですか？　私もココロにモヤモヤが溜まったときには、思いっきり叫んでみたい！（笑）。今度ぜひ、編集長のヤッホーを聞かせてください。

Q 32 女性が登れない山があるってホント？

昔は女性は登ることのできない山があったと聞きましたが、まさかいまの時代、そのようなことはないですよね？

編集長——それが、まだあるのです。奈良県、大峰山の山上ヶ岳（１７１９ｍ）は今も女人禁制です。麓に「女人結界門」というのがあって、そこから先、女性は入れないのです。ちなみに、山上ヶ岳は修験の山なので、谷底を覗き込む修行で知られる西ノ覗（のぞき）岩などの名所のほか、各所に茶屋があって一般の登山者にも親しまれています。頂上近くには重要文化財の大峯山寺本堂（おおみねさん）が建っており、最高点の周辺は開けた草原になっていて展望もよく、気持ちのいい時間が過ごせます。ただし、あきらかにほかの山と違う点は、行き交う登山者はすべて男性だということです。

釈——もう昔の話だと思っていたのですが、今も登れないんですか？　じゃあ、私は登れないのですね。あ、完璧に男装をして、誰にも見つからなかったらだいじょ

うぶでしょうか？

編集長――ええっと……、見た目ではなくて、宗教上の理由なので無理だと思いますよ（汗）。

釈――そうですか。残念。でも、どうして女性は山に登ってはいけないのですか？

編集長――男性の修験者にとって、女性の存在は修行の妨げになるのでこれを排除した、というのがひとつの理由だそうです。また、言いづらいのですが、昔は、地方によっては女性は生理や出産の際に血を流すことから穢(けが)れのある存在だと考えられていた、ということも背景にあったのかもしれません。

釈――今の考えでは男尊女卑というか、不公平だなという気もしますが、しょうがないですよね。相撲の土俵に上がれないとか、今も女性ができないことはありますものね。

編集長――昔は修験の山はほとんど女人禁制だったのですよ。月山も白山も立山も、もちろん富士山も。しかし、やはり結界を破って登ろうとした女性もいて、その人たちは石に変えられたなどという伝説が各地に残っています。それが姥(うば)権現、姥石などとして今に伝わっています。

釈——富士山もですか。それにしても石にされるなんて怖い。女性も登ってよくなったのはいつごろですか？

編集長——明治時代から昭和初期にかけて、次々に解禁されていきました。今、女性が登れないのは、その山上ヶ岳だけです。ほかに特殊な例として、石鎚山は7月1日の山開きの日だけが女人禁制になります。

釈——女性が登ると山の神様がヤキモチを焼くっていうのも聞いたことがあります。

編集長——ある地方ではそのような話が残っているようですね。山の神は醜女(しこめ)で嫉妬深いといわれ、だから、山で生活をするマタギたちは神様を怒らせないようにオコゼの干ものを捧げたそうです。オコゼは怖い顔をした魚で、それを神様に見せると、自分より醜いものがあったと安心するそうです。

釈——その話はおもしろいですね（笑）。逆に男性が登ってはいけない山というのはご存じですか？

編集長——それは聞いたことないですね。

釈——沖縄のある島にはやはり信仰上の理由で、女性しか入れない場所があるんです。久高(くだか)島の中央部にあるクボー御嶽という場所で、私も行ったことがあるのですが、やはり特別な感じがしました。山もそういうところがあればいいのに。すごくメルヘンな山で、きれいなお花がいっぱい咲いていて、景色もきれいで。そんなところで「男性は来ちゃダメ〜！」って言ってみたいです（笑）。

山上ヶ岳の女人結界門。ここから先は女人禁制とされている

山上ヶ岳山頂部に建つ大峯山寺。国の重要文化財だ

山上ヶ岳山頂部は気持ちのいい開けた草原になっている

Q 33

どうして山の上に神社があるの？

私はよく妹といっしょに各地の神社へお参りに行っていて、神社にも興味があります。山の麓にも大きな神社があったり、山頂にお社が祀られたりしますよね。それはどうしてですか？

編集長——日本人にとって、山は昔から信仰の対象として尊ばれてきたんですよ。記紀神話にも日向（現宮崎県）の高千穂峰（たかちほのみね）の天孫降臨神話があるように、山は神様が降りる場所だったと考えられます。山麓からよく見えて、形の美しい山や火山には神が宿ると考えられ、山自体が崇拝の対象となりました。仏教伝来ののち、神仏習合の信仰が続きましたが、明治の廃仏毀釈（はいぶつきしゃく）で多くの寺社は神社に統一されました。山頂の社も自然信仰、仏教、修験道などさまざまな信仰の跡を残しています。

釈——**では、奈良時代よりももっと前から、山は信仰されていたのですね。**

編集長——そうです。古代は山だけでなく、巨岩、巨木など、シンボリックな自然の造形物が信仰の対象となっていました。仏教や修験道が盛んになる前から、日本人は山を崇めてきたんですよ。

釈――古い歴史があるんですね。ヨーロッパでは、山は悪魔の棲む場所として恐れられ、人は近づかなかったと聞いたことがありますが、日本ではまったく違ったのですね。

編集長――そうです。修験道は、日本古来の山の信仰と、大陸から来た仏教が結びついてできた信仰。修行のために盛んに登られるようになりました。修験道は西暦700年ごろに始まって、それ以降、火山や岩山を中心に修行としての登山が修験者の間で広まっていったのですが、狩猟のように生活の目的ではなく、これだけ多くの山が古くから登られていたことは世界的に見ても、かなりまれだといえるでしょう。

釈――大昔から篤く信仰されていた山の神様、私も大事にしたいです。

奥穂高岳山頂に2014年7月に建立された穂高神社嶺宮

Q 34 富士山はいつから登られているの？

私は子どものころから数えると6回、富士山に登っています。富士山にはいくつかの登山道があることは知っていますが、いつごろから登られているのでしょうか？

編集長——6回も登っているのですか！　すごいですね。

釈——私が本当に小さかったころから、父が連れて行ってくれたんです。その後も学校登山で登ったりしていますので……。初めてのときは八合目でギブアップしましたから、正確に言うと山頂に立ったのは5回ですが。登山を始める前は、山＝富士山という考えしか頭になかったのです。

編集長——釈さんは富士山のスペシャリストだったのですね（笑）。質問に戻りますが、まず、だれがいちばんはじめに登ったかというと、伝説では聖徳太子が馬で登ったとか、役小角（えんのおづぬ）（役行者（えんのぎょうじゃ））が流刑地の伊豆の島から夜に富士山に飛んでいって修行した、などといわれています。

釈――聖徳太子も登ったんですか！　聖徳太子って何でもできちゃうんですね。びっくり。

編集長――でもこれは、ちゃんとした記録が残っているわけではなく、あくまで伝説です。あとから作られた話でしょうね。実際には山岳信仰が盛んになったころ、修験者が登ったのでしょう。富士山信仰の祖としても知られる末代(まつだい)上人は、平安時代末期に富士山に修行の場を作ったそうです。末代上人は修行のために富士山に数百回も登ったと言われていますよ。平安時代は富士山が活発な活動をしていたことを表す記録が複数残っていて、末代上人が登ったころは活動は沈静化したものの、まだ山頂からは噴煙が上がっていたと考えられています。

釈――平安時代ですから、今から１０００年ぐらい前ですよね。そのころは、富士山も噴煙を上げていたのですか。

編集長――西暦８００年から１０００年ぐらいにかけて何度か噴火を繰り返した記録があります。また、『竹取物語』や『更級日記』にも富士山が噴煙を上げていた様子が書かれていますよ。やがて噴煙も鎮まり、室町時代ぐらいになると、一般の人たちもお参りのために登るようになったそうです。そして、江戸時代、富士信仰が盛んになっていきました。

釈——室町時代や江戸時代からですか。

編集長——江戸時代には富士講という富士山を信仰する人たちの組織もでき、全国各地から登拝ツアーのようなものも組まれていたのです。今のように行列を作って登っていたそうですよ。

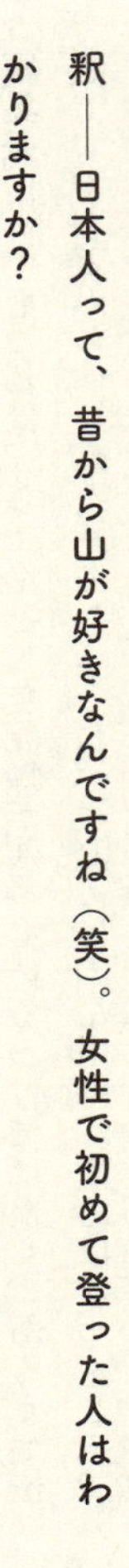

釈——日本人って、昔から山が好きなんですね（笑）。女性で初めて登った人はわかりますか？

編集長——わかります。前にお話ししたように、富士山も昔は女人禁制でした。それを破って１８６６（慶応２）年にイギリス公使・ハリー・パークス夫人が登ったことが有名ですが、じつはそれより34年も前に登った日本人女性がいます。それは

昔から山が大好きな釈ファミリー。私はこの日は八合目で登頂を断念。残念ながら写っていません

高田たつさん。1832（天保3）年、旧暦9月26日、小谷三志という先達に導かれて、人目を避けて登ったそうです。旧暦なので、今のカレンダーだと11月20日前後。雪が積もり、大変だったと思います。

釈――高田たつさん。名前からして、そのために生まれてきた方のようですね（笑）。女人禁制の江戸時代に、ひとりで立ち向かったということですよね。同じ女性として、かっこいいなと思います。

2013年9月、富士山登頂

2013年は、父と編集長とともに須走口から登りました

Q 35 山登りがレジャーになったのはいつごろ？

江戸時代から富士山などにたくさんの人が登っていたことを教えていただきました。それは信仰の登山ですよね。では、登山がレジャーになったのはいつごろですか？

編集長――山登りが今に近いかたちで趣味として登られるようになったのは明治時代の後半です。イギリスから大阪の造幣局に冶金技師として招かれ、日本の古墳研究でも有名になったウィリアム・ガウランド、同じくイギリス人宣教師のウォルター・ウェストンなどが日本アルプスに登って、日本人にヨーロッパの登山スタイルを紹介したことがきっかけです。

釈――**ヨーロッパでは上流階級の人の趣味だったそうですが、日本も同じですか？**

編集長――昭和初期ごろまでは、日本でも、お金持ちや大学の学生が地元のガイドを雇って登っていたんですよ。その後、登山の大衆化が進んでいったわけです。

Q 36

山小屋はいつごろから始まったの？

登山者にとってなくてはならない登山の基点となる山小屋ですが、いつごろからあったのですか？

編集長――日本の山はもともと信仰のために登られていました。修験者や登拝者のために建てられた山小屋が最初で、立山の室堂がいちばん古いといわれています。13世紀ごろに岩窟だったものを、16世紀ごろに「室堂」としたと伝わっています。

釈――とすると、宗教登山以降、純粋に登山者のための山小屋ができたのは、いつごろ、どの小屋なのでしょうか？

編集長――登山者のための営業小屋第1号は、今の白馬山荘。１９０７（明治40）年に白馬岳頂上小屋として開業したといわれます。続いて現・槍沢ロッヂがアルプス旅館という名前で１９１７（大正6）年に開業、さらに常念小屋が常念坊乗越小屋として１９１９（大正8）年に開業されました。

Q 37

登山ブームって本当にあるの?

子どものころ山に登ったときは、若い女性はそれほど登っていなかったと思います。でも、今は私を含めていっぱい山に来ていますよね。登山にもブームってあるんですね?

編集長——ありますよ。最近では2010年ごろの「山ガールブーム」が第4次登山ブームとして記憶に新しいです。

釈——第4次ということは昔もブームがあったんですね?

編集長——とくに統計データはないのですが、近代以降4回のブームがあります。第1次は大正時代。槇有恒のアイガー東山稜初登攀後、日本にもたらされたアルピニズムによって学生中心にスポーツ的な登山が活発になり、大正デモクラシーの社会情勢も影響して社会人の登山も盛んになりました。

釈——それまでの信仰登山や探検的な登山とは大きく変わったのですね。

編集長――そうですね。次が１９５６（昭和31）年の日本人によるマナスル初登頂をきっかけとした登山ブーム。社会人山岳会が各地にできて、登山が一気に一般の人に広まったのです。

釈――たぶん、父がたくさん山に登っていたのも、このブームのころですね。新宿から松本へ向かう夜行列車が人であふれていたと聞きました。

編集長――第３次がいわゆる中高年の「日本百名山」ブーム。90年代です。テレビで「日本百名山」を紹介する番組が始まり、大人気でした。ちょうどこのころからツアー登山が盛んになり、それを後押ししています。

釈――なるほど。それに続く登山ブームが山ガールブームなのですね。

編集長――はい。始まりは２００６年ごろだったと思います。山スカートをはじめとしたファッションに憧れて登山を始める女子が増えました。このブームは女性が引っ張っていたといえます。

釈――私はファッションというよりは、登山はほかの人との競争ではなく、自分のペースで楽しめるところが好きで始めました。これからもたくさんの人に登ってもらいたいです。

Q 38 昔の人はどんな格好で登っていたのですか？

今は良質のダウンや防水透湿素材のレインウェアなど高機能のウェアがたくさんありますよね。そのような素材が出てくるまではどのような服装で山に登っていたのでしょうか？

編集長——江戸時代に描かれた富士登拝の絵を見ると、草鞋（わらじ）に足袋（たび）、白装束、菅笠に金剛杖で登っている姿が見られます。今も白装束で登っている人を富士山、月山などで見かけますが、だいたいそのような出で立ちで登っていたようですね。

釈——それでは寒そうだし、雨が降ったら、きっとずぶ濡れですよね。大変だったでしょうね。

編集長——今登るより、はるかに厳しかったと思います。大正時代のブームのときは綿のシャツとズボン、それにウールのジャケットを羽織るというスタイルだったようですね。山へ行くためにわざわざテーラーメイドのジャケットをあつらえたという話が当時の文章に残っていたりします。それでも足元は足袋に草鞋だったようです。草鞋は岩や雪の上でも滑りづらく、歩きやすかったのでしょう。

釈――新調したジャケットで山へ行くなんて、ずいぶんおしゃれでしたね。

編集長――おしゃれと言うより、当時、いちばん暖かかったのがツイードのジャケットだったから、わざわざ用意したのだと思いますよ。大正時代には学校登山で女性も山に登っていたという記録が残っていますが、彼女たちは和服に着ゴザというスタイルでした。ちなみにミュンヘンの山岳ミュージアムで見かけた写真には、1870年ごろ、ロングスカートで氷河を歩く女性の姿が写っていました。

釈――ロングスカート？　では、長さは違っても、山スカは昔からあったのですね。

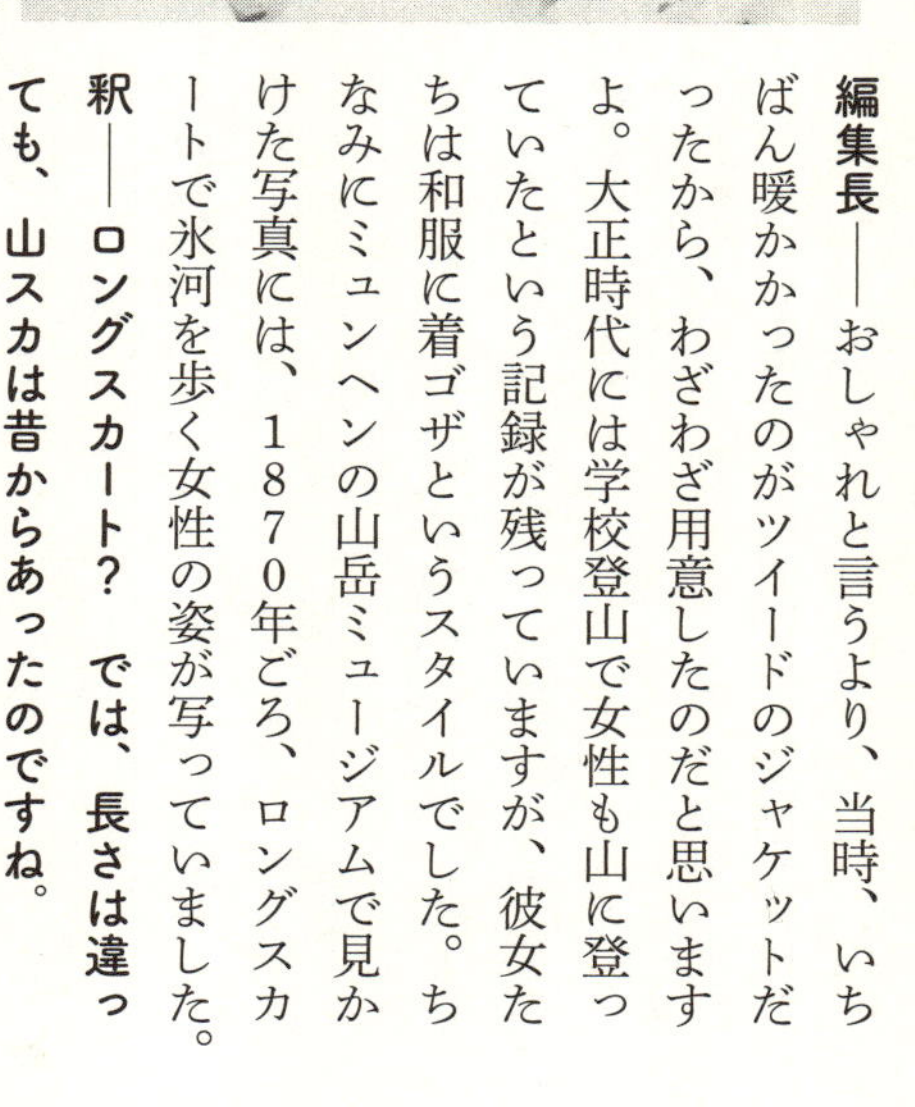

1870年、モンブランの氷河をロングスカートで歩く女子学生（撮影＝Viollet-le-Duc）

Q 39 ULって何ですか？

最近、若い女性登山者たちの会話で「ユーエル」という言葉を耳にするのですが、あれって何ですか？

編集長——UL（ユーエル）とは「ウルトラライト」の意味で、ウルトラライトハイキングを実践する人たちの登山スタイルを略称して使われることが多いようです。

釈——**ウルトラライト……。つまり超軽量の荷物を背負ってのハイキングっていうことですね。**

編集長——そうですね。ただ、ハイキングというと日本では日帰りの手軽な低山歩きをイメージするかもしれませんが、ウルトラライトハイキングのスタイルが生み出されたのは、アパラチアントレイルなど、アメリカの3000km以上にもおよぶロングトレイルです。ここを一気に歩き通そうとする人たちはスルーハイカーと呼ばれ、宿泊をともなう長距離歩行に適した軽量装備の工夫やキャンピングテクニックなどを生み出していったのです。

釈――装備の軽量化は気になりますね。心配性の私はつい、着替えや食料を持ちすぎて編集長に注意されたことがありました。でも、ただ装備を軽くするだけならとくに目新しさは感じられないような気もするのですが。

編集長――もちろん、昔から装備の軽量化についてはそれぞれが工夫されていましたよ。たとえば『北八ッ彷徨』の著者として知られる山口耀久さんは、自分の装備の重さをひとつひとつ計って総重量を管理されていました。オーバーグローブやスパッツにもデカデカと○gと書かれていたのがほほえましかったです。また、アルパインクライマーの山野井泰史さんがザックのストラップの余剰分やウェアのタグをひとつひとつ切り取って、１グラムでも軽くすることを心がけていたのは有名な話ですよね。私も沢登りのときなど、テントの代わりにフライシートだけ、コンロは持たずに焚き火だけ、シュラフは使わず雨具を着て極薄のウレタンマットの上でゴロ寝、足元は地下足袋で、ザックも１本締めのサブザックなど、思い切った軽量装備で山を駆けていたことがありました。

釈――そうした「荷物を軽くする」ことが新しい登山スタイルなのでしょうか？

編集長――ウルトラライトハイキングとは、単に荷物を軽くするだけではなく、それらの工夫のなかから得られるシンプルさ、つまり過剰な装備の束縛から逃れることで得られる自由の感覚や、より深く自然とのつながりを感じるといった思想も含めて、新たな登り方を提案していったものです。

釈――具体的にはどんな登り方なのでしょうか？

編集長――たとえば1泊2日であれば基本的な寝泊まりの用具を5kg以下に抑える。トレッキングポールを使って立てるテントやツェルトなら1kg以下だし、炊事用具もアルコールバーナーや固形燃料を使えば重量も減らせますよね。スリーピングマットも背中部分をカバーできれば十分なので、クローズドシェルタイプの軽量マットを短く切って、シンプルな1枚布の軽量バックパックの背の部分に入れてしまえば快適に背負えます。レインウエアをウインドブレーカー代わりに使い、テントがあるからツェルトは持たないなど、軽量タイプの装備を選びつつ、兼用できるものは持っていかないなど、ひとつひとつ計りながら装備計画を立てるのも楽しいものです。そして荷物が軽くなれば足元もローカットシューズで十分。軽い荷物で軽快に歩けば自然をじっくり観察したり、コースタイムを短縮したり行程を延ばしたりなど、行動に自由が出てくるものなんですよね。

釈――なるほど、それは興味深い考えですね。編集長も最近はＵＬ派ですか？

編集長――時と場合によりますね。もともと体育会山岳部出身なので、「重い荷物が本物の山ヤを育てる」という思想がまだどこかに残っていて、「重くてもこれはトレーニングになるから持っていってしまえ」、などと考えたりしたりもします。それと、撮影機材を持ち歩くので、どうしても荷物は重くなってしまうのですよね。ただ、学生時代に30～40kgの荷物を背負って北アルプスを縦横に歩いていたことを思い出すと、10kg程度の荷物で稜線を歩く解放感はもっと感じてみたいものです。ちなみに90年代の私もショートパンツ＆ジョギングシューズ派でしたから。

釈――山はファッションも含めて人それぞれ。時代によって変わってきた登山スタイルを見守りながら、自分なりの登り方を模索していきたいと思います。

編集長――ウルトラライトハイキングについてもっと詳しく知りたければ、土屋智哉さんが書いた、その名もズバリ『ウルトラライトハイキング』（ヤマケイ文庫）を読んでみるといいですね。軽量化のためのノウハウだけでなく、その思想にも深く触れられていますのでおススメです。

第4章

山の雑学

Q 40 山の名前っておもしろいですね？

木曽駒ヶ岳に行ったとき見た地図に「空木岳」と載っていたのですが、まったく読めませんでした。山の名前って読みが難しいものが多いですよね。ほかに読み方に注意が必要な山はありますか？

編集長——百名山のなかにも難しい山の名前はいっぱいありますよ。その前に、「空木岳」はなんと読むと思ったのですか？

釈——**「からきだけ」（笑）。正しい読み方は山から帰って、すぐに調べました。正解は「うつぎだけ」ですよね。でも絶対に読めないと思います。**

編集長——山名は植物のウツギが由来なんですよ。ウツギが多いからとか、山頂の残雪模様がウツギに似ているからとか言われます。では、「皇海山」は？

釈——**「こうかいさん」？**

編集長——これも読みにくい名前ですよね。正しくは「すかいさん」。これは私の出身地、栃木と群馬の県境にある山です。カタカナ英語にすると「スカイ・マウンテン」です（笑）。栃木には、山ではないけれど、まだおもしろい読みの地名があります。男体山の麓を流れる川は大谷川と書いて「だいやがわ」。これもカタカナで「ダイヤ・リバー」。栃木っていいところでしょ？

釈――え、ええ。あ、編集長、「武尊山」はなんて読むのですか？。

編集長――「ほたかやま」。これも百名山です。

釈――北アルプスの穂高岳とは別の山なんですよね。当て字みたいですね。そういえば「安達太良山（あだたらやま）」も当て字だし、「瑞牆山（みずがきやま）」も今は知っているから読めますが、書いてと言われても絶対に書けないです。なんか、もう、以前はやったキラキラネームみたい。光岳の「光」は「ひかり」ではなく「てかり」なんですよね。これなんかは完全にキラキラネームですね（笑）。

編集長――ははは。ほかにも「四阿山（あずまやさん）」や「早池峰山（はやちねさん）」あたりも手ごわいですよね。百名山以外では「濃昼岳（ごきびるだけ）」「梅花皮岳（かいらぎだけ）」など、もっとすごい難読山名がたくさんあるので、いろいろ探してみてください。

Q 41 山のおもしろ用語を教えて

山って独特の用語がたくさんありますよね。これは知っておいたほうがいいという言葉はありますか？

編集長——昔は山ヤ用語がいっぱいあったけど、上品な言葉でないものもあるので、外来語を除いて今はあまり使われなくなってきています。

釈——山ヤ？

編集長——あ、山に登る人のことを「山ヤ」って呼んでいます。沢登りをする人は「沢ヤ」。クライミングをやる人は「岩ヤ」です。これは自虐的というか、ちょっと侮蔑的なニュアンスの言葉かな。近ごろはちょっとていねいに「沢ヤさん」とか「岩ヤさん」などと言う人もいます。でも「クライマー」のほうがかっこいいよね。

釈——登山独特ですよね。ダイバーやサーファーを「海ヤ」とは呼ばないし。

編集長——私にとっては当たり前すぎて気がつかなかったけど、そういえばそうですね。ところで「一本立てる」の意味はわかりますか？

釈——全然わからないです。山頂に登った証に旗のような目印を立てるとか、そういうことでしょうか？

編集長——これは休憩するという意味です。昔、ボッカ（漢字では〈歩荷〉。山小屋などに背負って荷物を上げる人のこと）が休憩するときに、背負子の荷物を下ろしたり、また背負ったりするのが大変なので、立ったまま休んだそうです。そのとき、背負子の下に杖を立てて（つかえて）、肩の負担を軽くしたことから休むことを「一本立てる」というのです。ほかにも「雉〈キジ〉撃ち（トイレに行く隠語。しゃがむ姿勢から）」「シャリバテ（空腹でバテること）」「下界」「おろく（山で亡くなられた方の遺体。南無阿弥陀仏の六文字から）」などいろいろあります。

釈——あとで調べてみます。ところで、これはおもしろ用語ではないけれど「ラク！」も覚えておいたほういいですよね。

編集長——落石があったときに叫ぶ言葉ですね。これは大きな声で叫ぶと英語の「ロック！」にも聞こえるので外国でも使えるんですよ。いい発音だと褒められます。ぜひ覚えておいてください。

Q 42

山のカタカナ用語が難しいです

父と山へ行ったとき「トラバースだから気をつけろ」とか「モルゲンロートがきれい」とか、わからない言葉がいっぱい出てきました。どうしてカタカナ用語が多いのですか？

編集長――トラバース（英）は横切ること。モルゲンロート（独）は朝日で山が赤く染まることです。ほかにはバットレス（英：何本もの岩稜を派生させた岩壁。もともとは建築用語で、垂直の壁を支えるように直角に何本も張り出した控え壁の意味）、ザイル（独：ロープ）、アイゼン（独：氷や硬い雪上を歩くときに使う金属の爪がついた滑り止め）、ピッケル（独：雪山で使うツルハシのような形をした道具）など、たくさんありますね。

釈――**それはみんな外国から伝わった言葉なのですね。**

編集長――そうですね。これらは主に大正時代の登山家たちが使っていた言葉なのです。たとえば北岳山頂直下の岩場を「バットレス」と名づけたのは、日本山岳会設立の中心人物となった小島烏水（うすい）（１８７３〜１９４８）だし、アイガー東山稜を初登攀した槙有恒（ゆうこう）（１８９４〜１９８９）も欧米の影響を強く受けて文章にドイツ語、フランス語などをよく使っていました。ヨーロッパなど海外の山に遠征に行った登山家や、インテリが好んで使っていた言葉が広まったのだと思います。

釈――その時代も外国の言葉がおしゃれだったのですね。そういえば穂高に登ったとき、ザイテングラートやジャンダルムという地名がありました。

編集長――ザイテングラートもドイツ語で、英語だとサイドリッジ、つまり支尾根です。ジャンダルムはフランス語で衛兵。主峰を守るようにそびえているからね。

釈――ジャンダルムは見た目もかっこいいですが、由来もしゃれていますね。

編集長――ただ、ドイツ語やフランス語由来の言葉は、だんだん英語に置き換えられている傾向があります。たとえば、ザイルはロープと言い換えられ、最近はザイルと呼ぶ人は少なくなってきています。同様にアイゼンはクランポン、ピッケルはアックスです。伝わりやすいからでしょうか。

釈――クランポンですか。私はもうアイゼンで覚えてしまいました（笑）。

Q 43 晴れ男、雨男はいますか？

「晴れ男」という言葉はよく聞きますが、「雨男」も実際にいるのでしょうか？　また、「晴れ男」は本当に晴らすパワーを持っているのですか？

編集長――どちらも存在します。なにしろ私が晴れ男ですから（笑）。過去には20回の山行、計41日間連続で晴れたこともあります。取材に行くとよく「今年いちばんの天気でよかったですね」などと言われました。雨男も私の身近にいます。大学の後輩ですが、彼が行く山では雨になる確率が恐ろしく高いのです。

釈――山で雨ばかりなんてかわいそうすぎます。なんで人によって、晴れが多かったり、雨が多かったりするのでしょうね。

編集長――実はただの天気のめぐり合わせなのでしょうけど、あまりにも偶然が重なるとイメージが定着していきますよね。釈さんはどちらですか？

釈――私は、基本的に晴れ女だと思っているのですが、山に関しては雨のことが多くて……。富士山も下山日は途中まで暴風雨だったし、八ヶ岳（天狗岳）も雨でした。でも、登山を始める前、屋久島へ行ったんです。屋久島は雨の多さから「ひと月に35日雨が降る」といわれますよね。さらにそのときは梅雨だったんですけど、一回もレインウェアを使わなかったんです。ロケでも雨で中止になることはほとんどないし、だから自分では晴れ女だと思っているんですけど。

編集長――私の場合、天気予報が雨だったのに、なぜか快晴になったことが何度もありました。そんなときは当然、自分の手柄を主張します。「雨の予報に勝ってこそ本物の晴れ男なのだよ」と。逆に、雨に降られてしまったときには、同行した仲間を雨男に仕立ててこうつぶやくのです。「どうやら今回はキミの勝ちだね」。雨男の勝利をたたえることで、晴れ男伝説が守られていくわけですね。

釈――そういえば、俳優さんでもすごい方がいます。ただ晴らすだけなく、必要なときだけ晴らすんです。雨がほしいシーンでは雨を降らす。天気をコントロールできることで伝説になっていますよ。私もめざすのはそこですね（笑）。でも、最近の登山ではいい天気だったから、そろそろ雨女のジンクスは破れたかな。

Q 44

山に登って痩せられますか？

これは女子にとって、とっても興味のある話です。山登りを続けていると痩せることができますか？　ジョギングやジムで運動するよりも体にいいのでしょうか？

編集長——確実に痩せられます。私は以前、アウトライアーというヒマラヤの7000m峰に登ったのですが、そのときは約1カ月で7kgも体重が落ちました。

釈——え〜！　1カ月で7kgも？　うらやましいです。それは、山がきつかったからですか？

編集長——もちろんそれもありますが、ヒマラヤの場合は高度の影響で食欲がなくなり、あまり食べられないということも大きかったです。だから、やつれている状態で、体にいいとはいえないでしょうね。しかも、帰国後すぐにリバウンドしました（笑）。これはあくまでヒマラヤでの、特別なたとえです。普通の登山やハイキングは、もちろん体にとてもいいといえますよ。

釈――私も山で体を動かしたあとは、体調がいい感じがするのです。

編集長――人によって違いますが、心拍数100以下のゆっくりペースでのハイキングでも、1時間で約350kcal（キロカロリー）のエネルギーを消費するというデータがあります。街中を軽く走るペースでのジョギングが400～450kcalぐらいなので、それに比べると消費エネルギーは少ないのですが、登山のいいところは長時間続けられることです。

釈――2時間ジョギングしたり、ジムで運動するとなるとけっこうキツイですが、山登りだと5時間ぐらい歩くことも当たり前にありますものね。

編集長――350kcalで5時間歩くとすると……、1750kcal？　なかなかのエネルギー消費量ですよね。

釈――1日でそれだけ消費できるなんて！　でも、山だとごはんがおいしくて、ついつい食べ過ぎちゃうんですけどね（笑）。痩せる目的で登るというよりは、山登りを楽しんだ結果、ダイエットになるという付加価値もあるんだなって考えて続けていきたいと思います。

Q 45

山ガールって何歳まで？

私も番組などで「山ガール」って言われていたり、便利な言葉なので自分で言ったりもしているのですが、私の年齢を考えると、ガールではないですよね……。何歳までガールと言っていいのですか？

編集長――これは厳しい質問ですね（汗）。以前、ラジオ番組でも同じことを聞かれたんですが、そのときは「う〜ん、そんなことを口にしたら明日から山に登れなくなっちゃいます」って逃げました（笑）。

釈――**編集長、今日は逃げないで答えてくださいね！**

編集長――はい。ええっと……。今のいわゆる「山ガール」の中心は30代の独身女性ですよね。会社で中堅になって、仕事が落ち着いてきて、自由に使えるお金もそこそこにある。そして休みも取りやすいという年代だと思うのです。

釈――**たしかに。私も20代のころはがむしゃらに仕事をしていましたからね。**

編集長――でも、自分は山ガールだと思ったら、何歳でも山ガールと言っていいと思います。

釈――私たちの母親世代の方たちも、若々しくてステキなウェアを着ていらっしゃる方もいますものね。あ、田部井淳子さんは山ガールではないんでしょうか？

編集長――ううう（滝汗）。田部井さんは山ガールとお呼びするより、登山家と呼ぶほうが合っている気がします。でも、田部井さんは現代山スカートの元祖でもあるんですよ。30年ぐらい前の海外登山の際に、草原地帯の朝露で濡れないために「これいいのよ」ってスカートをはいていらしたんです。

釈――最近の女子は、ひとりでテントを背負って山に行ったりとか、アクティブな人が増えていると思います。みんな自立しているというか。ちなみに私が山へよくいっしょに行っている山岳ライターの小林千穂ちゃんも「山ガール」のイメージではないんですよね。山慣れた独特の格好良さを醸し出していて、「山女」とも違うし。編集長、このような山好きの女性を指すいい言葉を考えてください！

編集長――「山好き」の漢字をそのまま分解した「山女子」も悪くないのですが、語感としてはいまひとつですかね。でも、まあ、宿題として考えておきましょう。

Q 46 アルピニストって何をする人?

登山家とか、岳人とか、クライマーとか。山に登る人を表す言葉は何種類かありますよね。あと、アルピニストという言葉も聞いたことがあります。どう違うのでしょうか?

編集長――ひと言で言うとどれも同じです。でも、イメージはちょっとずつ違いますね。まず登山家ですが、これがいちばん一般の人にも伝わりやすい言葉かなと思います。そのまま「登山をする人」ですが、やさしい山登りではなく、ヒマラヤやヨーロッパ、南米などへ遠征登山に行くような人たち、または国内でも、たとえば雪山の厳しい登山をするような人を表現していますね。

釈――**たしかに登山家は厳しい登山をするイメージです。「岳人」は?**

編集長――「岳人」というと、ちょっと気取った感じに聞こえますね。アルピニストも同様です。本来はヨーロッパ・アルプスを登る人、または簡単なルートでなくて、より難しいルートから挑戦したり、より高く険しい山をめざす、先鋭的な登山をする人のことです。

釈――北アルプスや南アルプスに登っても、アルピニストとは言わないのですか？

編集長――「アルプス」というのは日本のアルプスではなく、ヨーロッパ・アルプスを指すので、本来は言いません。言葉の意味としては「岳人」と同じですが、クライミングの要素を含んだヨーロッパ・アルプス的登山をする人のことなので、縦走登山者やピークハンターには使えないと思います。ただ、岳人もアルピニストも、最近はめったに使われませんね。

釈――では、クライマーというのは？

編集長――一般的には「岩登りをする人」ですが、それだけでなく、先ほど言った先鋭的登山をする人も指します。たとえば、日本の登山界を代表する山野井泰史さんはクライマーという言葉がぴったりですね。広い意味を持たせられるので、便利な言葉でもあります。

釈――なるほど。私は山ガールを卒業したら、何になるのかな……（笑）。

Q 47

「山の日」って何をする日ですか?

2016年から「山の日」が祝日となりましたよね。山の日って何をする日なのか、あらためて教えてください。

編集長——はい。この質問はお任せください。なにしろ私は「山の日制定協議会」のメンバーでしたから(笑)。「山の日」をつくろうという運動の、立ち上げのときから関わっているんですよ。まず「山の日」は8月11日で、2016年から国民の祝日となりました。

釈——「山の日」はどうしてつくられたのですか?

編集長——1961年に「立山大集会」で「山の日を制定しよう」と決議されたのがきっかけです。2002年には国際山岳年記念フォーラムで「日本に山の日をつくろう」と提唱されました。その後、2010年に5つの山岳団体による「山の日」制定協議会が設立されて本格的活動が始まり、2013年4月に国会議員の超党派

「山の日」制定議員連盟が発足、祝日法の改正に至ったわけです。

釈――ほかの国でも「山の日」ってあるんですか？

編集長――ありません。国民の祝日として「山の日」があるのは世界で唯一、日本だけなのですよ。その趣旨は、「山に親しむ機会を得て、山の恩恵に感謝する」。前にも話したように、日本は山林が7割も占めていて、山から多くの恵みを受けています。そして、古くから信仰の対象として山を崇めてきました。日本の文化は山と密接な関係を保っているのです。こうした山の自然を見つめ直し、次世代に長く引き継いでいけるようにみんなで考えましょうという日です。

釈――「山に親しむ機会を得て」ということを意識して、私も「山の日」アンバサダーとして山の魅力・楽しさを発信しています。「山の日」に開催されるイベントにも参加していますよ。

編集長――私も「山の日」アンバサダーとしていろいろ考えていきたいと思います。

釈――「山の日」が祝日になったことにより、山に意識を向けてもらえる日になったことがうれしいですね。毎年この日が来れば、一般の方も「きょうは何の日だっけ？」と思い出してくれるでしょうし。「山の日」を毎年楽しみにしています。

2019年8月11日、山梨県甲府市で開かれた第4回「山の日」記念全国大会で山梨県の山の魅力を語る釈さん

2024年8月11日、東京都八王子市で開催された第8回「山の日」記念全国大会のトークセッションにて

Q 48 どうして山に登るの？

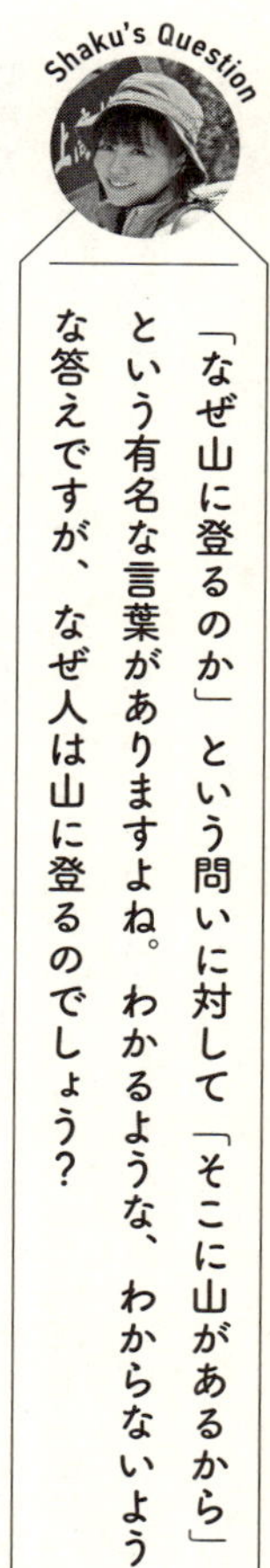

「なぜ山に登るのか」という問いに対して「そこに山があるから」という有名な言葉がありますよね。わかるような、わからないような答えですが、なぜ人は山に登るのでしょう？

編集長――「そこに山があるから」と答えたのはイギリスの登山家、ジョージ・マロリーですね。1924年、初登頂をめざしてエベレストを登り、山頂直下で消息を絶ちました。1999年に遺体が発見されていますが、登頂したかどうかはいまだに謎のままです。彼の言葉は“Because it's there”「そこに（未登頂の）エベレストがあるから」と解釈できます。ほかにもいろいろな人が、なぜ山に登るのかについて語っていますが、私が好きなのは木暮理太郎さんの「好きだから登る。答えは簡単である。しかしそれで充分ではあるまいか」という一節です。単純ですが、私もそう思います。異性を好きになるのに理屈はいらないのと同じですね。釈さんはどうして、こんなに山が好きになったんですか？

釈――やはりひと言で言うのは難しいですね。でも、私の場合は、山の番組の司会をやらせていただいたことをきっかけに山を始めました。山を紹介するのなら、自分でも知っておきたいと思って。そしてもうひとつ大きな理由に、父といっしょに登れたことがあります。父とは疎遠だった時期もあったのですが、山にいっしょに登ることによって心の距離を縮めることができました。

編集長――おふたりで山に登っていらっしゃる姿が、本当にほほえましかったです。

釈――あとは元気をもらえるからでしょうか。仕事が続いて体がくたくたになって、以前だったら家で倒れていましたが、今はそんな状態でも、というか、そんなときこそ山に行きたくなります。私は、海は心をリセットしてくれる場所で、山はパワーをもらえる場所だと思っているんです。山に行くとなぜか元気いっぱいになりますから。

編集長――本当にいつも楽しそうに登っていますものね。

釈――楽しくて、山に行きたくてしょうがない感じです。山に登ると新しい自分を知ることができて、それがおもしろいんです。無理だと思っていたけど、私はこん

なこともできるんだ、というように（笑）。山は生きていることを実感する場所でもあります。

編集長——生きていることを実感する場所……。いいこと言いますね。そう、まさしく登山は「命」と向き合う行為です。文明の庇護から抜け出して自然のなかに分け入り、五感を研ぎ澄まして「生」を実感する。こうした経験はなかなかほかでは得られませんよね。

入笠山山頂にて。この日、息子はスズランの群落に興味津々だった

釈——私もこの楽しみをわが子にも知ってもらいたくて親子登山を始めました。これからもいろんな山で経験を積ませていきたいと思っています。

編集長——親子登山は違った視点から山を見つめ直すいい機会です。ぜひ、新たな山の魅力を発見してください。

Q 49

川の始まりがどこか知りたい！

山に登るようになってから不思議に思っているのですが、川の始まりってどんなところですか？　本当に「大河の一滴」のようなところがあるのでしょうか。

編集長——ありますよ。川の始まりを知りたいのなら、沢登りをやってみると、よくわかると思います。川が細くなって沢になり、それがさらに細くなり、稜線近くで源流部となるのですが、沢に沿って遡っていくとその様子がよくわかります。沢登りは、登山道のように整備された道はなく、滝などの危険箇所もあるので、経験者に連れていってもらう必要がありますけどね。

釈——沢登りですか。沖縄でやっているのを見たときは、とっても楽しそうでした。

編集長——流域面積が日本一の利根川の源流は上越国境の稜線、大水上山（おおみなかみ）付近です。稜線近くに大きな雪田があって、雪解けの滴が利根川の最初の一滴になるんです。

釈――ということは、大水上山の稜線の東側に雪や雨が落ちれば、それがやがて利根川になり太平洋に行き着き、反対側に落ちれば日本海側に流れるということですか？　雨粒の一滴が山のどちら側に落ちるかによって、日本海と太平洋とに分かれると思うとドラマチックですね。

編集長――太平洋に流れるか、日本海に流れるかの境目を中央分水嶺というのですが、日本は南北に背骨のように山脈があって、それに沿うように中央分水嶺が延びています。おもしろいのは、分水嶺をたどっていくと日本海側と太平洋側の風土・風習が違うということです。話し言葉が違ったり、食べ物が違ったり。ちなみに、北アルプスの沢は北部は日本海、南部は太平洋に流れると思っている人が多いようですが、すべて日本海に流れます。あのあたりの中央分水嶺はずっと南の乗鞍岳を通っていて、日本の中央分水嶺ではいちばん標高が高い地点なんですよ。

釈――ところで、山に降った雨が川になって海に流れるまで何日かかるんですか？

編集長――それは山によって違いますね。富士山ではその研究がされていて、山頂に降った水が地下にしみ込み、麓に湧き水になって出てくるまで10年から20年だそうです。そこから海までは川の流程によって変わるので正確にはわかりません。

大水上山から平ヶ岳に続く稜線を見下ろす。中央の尾根の右側（東側）が利根川の水源地帯にあたり、尾根の右側に降った雨は太平洋へ。左側（西側）に降った雨は日本海へと注ぐ

大水上山の頂上直下にある利根川水源碑

Q 50 「アルプス一万尺」の〝コヤリ〟ってなに？

「アルプス一万尺　コヤリの上で　アルペンおどりを　さあおどりましょ」って子どものころ、友だちと歌って遊びました。そのころは歌詞はあまり気にしなかったのですが、〝コヤリ〟って何ですか？

編集長――その歌は、アメリカの民謡に日本語の歌詞をつけたものですね。「ヤンキードゥードゥル」というアメリカの民謡で、もともとは独立戦争のときに歌われていた曲だそうです。コヤリというのは「小槍」で、実際にある場所なんです。北アルプス・槍ヶ岳の尖った穂先に付随した小さな岩峰のことですよ。岩の上だし、狭いけれど、山頂で踊れないことはないです。ただ、そこへ行くまでにはロープを使ったクライミング（岩登り）になるので、一般の登山者は行けない場所ですけどね。よくコヤリをコヤギ（子ヤギ）だと思っている人がいるようですが、それは違います。かわいそうすぎる。

釈――コヤリは地名だったのですか。では〝アルペン踊り〟ってなんですか？

編集長――これがアルペン踊りだという、決まった振り付けはないんですよ。私はコサックダンスのようなものだと勝手に解釈して、大学山岳部時代に頂上でランラ・ランと踊っていました（笑）。小槍は槍ヶ岳の山頂から足元に見えますし、槍ヶ岳山荘の裏からは真正面に見えるところがあるので、まるでステージのように目立つのです。槍ヶ岳に行ったら見てみてください。

槍ヶ岳登山道の途中から見た小槍

釈――はい。踊っている人がいないか、探してみます（笑）。

編集長――80年代はけっこう踊っている人がいたんですよ。大学山岳部の一年生がよく先輩にムチャ振りされて踊っていました。岩登りができるうえに、こんな場所でも踊る余裕があるよという、男意気を見せる気持ちで踊っていたのでしょうね。

Q 51

縦走という言葉は登山の専門用語なのでしょうか？　そもそもどのような意味なのか、とっても気になります。

編集長――相変わらず手ごわい質問を飛ばしてきますねー。縦走は登山のスタイルで、山と山を尾根づたいにつなげる登り方を指します。使い慣れているので疑問を感じませんでしたが、言われてみればタテとヨコの違いが気になりますよね。

釈――そうなんです。走るという字も気になるし。

編集長――ヨコの場合は走ではなく横に切る、つまり横断という言葉があります。縦走という言葉は、広辞苑では「縦に貫くこと。南北に連なっていること」とされています。日本の山岳地形は日本アルプスをはじめ、南北、つまり地図上では縦に連なる山脈が多いんです。そうした山脈を尾根通しにいくつもの峰を越えながら歩く（「走」には歩くという意味もある）ので、縦走と呼ぶのではないでしょうか？

北穂高岳から見た槍ヶ岳。手前が槍・穂高縦走路の難所、大キレット

釈――海外では何というのですか？

編集長――英語ではすべてトラバースです。日本での登山用語としてのトラバースは斜面を横切ることを指しますが、海外では、たとえばヒマラヤの高峰を2つ3つ続けて稜線通しに登るようなこともトラバースと呼んでいます。パタゴニアの「フィッツ・トラバース」がクライミング界で話題になりました。フィッツ・ロイ山群、わかりやすく言うと登山ウェア「パタゴニア」のロゴマークのギザギザですね。このスカイラインを、世界のトップレベルのクライマーが一気に通して登って、高い評価を受けました。日本の縦走とはちょっとイメージが変わりますが、近年、クライミング界でもピークをつなげて登る縦走がアツいんです。

大雪山旭岳から遠くトムラウシを望む。旭岳からトムラウシへとつなぐ道は、おそらく日本一、高山植物のみごとな縦走路である

槍ヶ岳山頂から見た穂高連峰。槍ヶ岳から穂高連峰を結ぶ稜線は、国内屈指の岩稜縦走路といえるだろう

Q 52

パール富士ってなんですか？

本栖湖に初日の出を見に行ったことがあります。富士山の肩から日が昇ってきてとっても感動的でしたよ。これがもし、山頂から昇っていたらダイヤモンド富士ですよね。ところでパール富士もあると聞いたのですが？

編集長——ダイヤモンド富士というのは、富士山の山頂から日が昇る、または山頂に日が沈むこととして定着しつつあります。でも本当は、それが湖に逆さに映って、富士山の形がダイヤ型になって輝くから「ダイヤモンド富士」というのであって、湖に映らないとダイヤモンド富士ではないと言う人もいますよ。釈さんが見た日の出は山頂からではなかったようですが、それが山頂からだったら湖にも映って、正しいダイヤモンド富士でしたね。

釈——そうだったんですね。惜しかったな。でも、湖に映るのが本当のダイヤモン

ド富士だとは知りませんでした。

編集長――あくまでもこだわりを持つ人の言い分ではありますけどね。ダブルダイヤモンド富士と呼ばれることもあります。それが見られる場所として有名なのが、同じく富士山麓にある田貫(たぬき)湖です。ダブルではありませんが、高尾山も毎年12月下旬に、富士山山頂に日が沈むのを見られますよ。そして、パール富士というのは、月が富士山頂から昇ったり山頂に沈むことをいいます。

釈――月がパールなのですか。そういえば、影富士というのは何ですか?

編集長――影富士というのは雲海とか、下の街に富士山の影が映ることをいいます。当然ながら朝は西側に、夕方は東側に見られますよ。ほかに富士山の呼び名として「赤富士」「紅(べに)富士」もあります。「赤富士」は夏から初秋にかけて、富士山の山肌が朝日に照らされて真っ赤に染まること。「紅富士」というのは、冬、雪で真っ白になった富士山が朝夕の光で紅色に染まることです。夏と冬で言葉を使い分けているのですね。

釈――なるほど。日本人はそうやってことあるごとに富士山を眺め、その景色に名前をつけて敬い、親しんできたんですね。

Q 53 なんで山で食べるごはんはおいしいの？

私はふだん、あまりお米のごはんは食べられないのですが、山へ行ったときはおかわりしたくなるぐらい食べられます。どうして山だとごはんがおいしいのでしょうか？

編集長——やはり長時間、体を動かしていてエネルギーを消費するから、その分、体が欲するのだと思いますよ。

釈——編集長と富士山に行ったとき、山小屋で出していただいた夕食が山盛りのカレーライスでしたよね。私はカレーとごはんをいっしょに食べるのが苦手で、いつも分けて食べるのです。それが、あのときは男飯のようなカレーをぺろりと食べてしまって、自分でも驚きました。

編集長——そうでしたね。気持ちがいいぐらい、きれいに食べていましたね。食べるのも早かったですし（笑）。山でおいしく食べられる理由として、もうひとつ、環境というのも大きいと思いますよ。大げさに言えば、地下の倉庫で食べるのと、山の上で景色を見ながら食べるのとでは、同じものであっても絶対においしさが違いますよね。山で食べたもので、何がいちばんおいしかったですか？

釈——母が作ってくれたおにぎりです。私が独身のころ、山へ行くときはいつも母がたくさん握って持たせてくれたんです。丹沢ではサツマイモの炊き込みごはんのおにぎりを持たせてくれて。3つぐらい余裕で食べられてしまいます。母の握ったもの、とくに山で食べるおにぎりは世界一おいしいと思っています。ソウルフードではないけれど、手で握ったものだから愛情が伝わってくるのかもしれませんね。

編集長——金峰山の頂上で釈さんが作ってくださったホットサンドもおいしかったです。いっしょに食べる仲間がいることも重要ですね。

世界一おいしい母のおにぎり

Q 54 山小屋で働くにはどうしたらいいの？

山小屋で働いている人たちは、みんなそこに住み込みなのですか？
もし、山小屋で働きたいと思ったらどうすればいいでしょう？

編集長――山小屋の多くは季節営業です。営業期間は場所によって違いますが、北アルプスではだいたいゴールデンウイーク前に小屋を開け、11月上旬まで営業しています。その間、従業員は自宅から毎日通うことは不可能ですから、その山小屋に泊まり込みで働いています。

釈――それはすごいですね。みなさん、約半年間、ずっと山にいるんですか？

編集長――山小屋によってシステムは違うけれど、交代でだいたい1カ月～2カ月ごとに1週間程度の休暇をとっています。その間、家に帰ったり、自分の好きな山に出かけたりしているようです。

釈――私も何度か山小屋に泊まり、少しだけど山小屋の仕事を垣間見ました。もち

ろん仕事は大変でしょうが、ずっと山にいられるのはうらやましいとも思いました。働くにはどうすればいいのでしょうか？

編集長――各山小屋のホームページや山岳雑誌、ウェブサイトなどに募集記事が出ているので、それを見て申し込むのが一般的です。でも、まさか釈さん、山小屋従業員に転職したりしないでしょうね？（笑）

釈――ふだんは山小屋で働いていて、たまにちょっと映画に出てくるねとか、舞台でお芝居してくるねとか、そんな生活ができたらいいなあ。あ、それは冗談です（笑）。先ほど山小屋は季節営業だということでしたが、シーズンオフはみなさん何をされているんですか？

編集長――スキー場でインストラクターをしたり、麓のペンションなどでアルバイトをしている人が多いようですよ。あとは、夏の間に貯めたお金で海外旅行をしたり、ネパールへトレッキングに行ったりと、好きなことをしている人もいます。

釈――わあ、そうなんですね。シーズン中の仕事は厳しいでしょうが、そのような生活、ちょっと憧れます。

Q 55

クライマーズ・ハイって本当にあるの？

『クライマーズ・ハイ』という小説がありましたが、山に登っていてハイになることは本当にあるのでしょうか？

編集長——『クライマーズ・ハイ』は横山秀夫のベストセラー小説ですね。日航ジャンボ機墜落事故を題材にしていて、新聞記者が事故をどこまでスクープとして扱うか、どこまで踏み込んだ内容で伝えるか、岩登りのときになる興奮状態に似た極限の状況下で苦悩するというストーリーです。実際に岩登りをしていると、一種の興奮状態になることはあります。それがクライマーズ・ハイです。ちょっとしたピンチに追い込まれたときに出るといわれる、脳内の快楽物質のせいだと思います。

釈——そういえば、奥穂高岳に登ったときに似たような体験をしたかもしれません。2日目に涸沢から奥穂を往復したのですが、その日の行程はほとんど岩場で、集中して登っていたからか、1日があっという間に感じました。これをクライマーズ・

ヒマラヤ未踏峰のアウトライアー南西壁を登る編集長

ハイといっていいかどうかはわかりませんが、特に登っているときに気持ちが高ぶって、疲れをまったく感じなかったんです。本当にいつまでも、どこまでも登れるのではないかと思いました。

編集長――まさにそれがクライマーズ・ハイですね。私もヒマラヤ未踏峰の頂上直下で、低酸素で苦しいはずなのに、このままどこまでも登っていけそうな「無敵なオレさま」的な力を感じました。そんな体験をしてしまうと、岩登りがやめられなくなるという人もいるんですよ。

釈――私は岩場も嫌いではないけれど、樹林帯歩きのほうが好きなので、大丈夫かな（笑）。

Q 56 山であいさつするのはなぜ？

都会の道で人とすれ違うとき、いちいち知らない人にあいさつしないですよね？　でも、どうして山ではみんな「こんにちは」って言うのですか？

編集長——山好き同士、心が通じるということが大きいのではないでしょうか？　お互いにがんばって山に登ってきて、登山道で会えば、それだけで仲間のような気がしますし、あいさつを交わすのは自然なことだと思います。登山者の少ない山で、すれ違った人があいさつもせずに通りすぎたら、逆に気持ち悪いですよね。

釈——そうですね。大きな声であいさつしてもらえると気持ちがいいですものね。

編集長——あと、単独行のときはあいさつなどの言葉を交わしておくと、自分を認識してもらえるということもありますよね。声をかけて、相手になんとなく覚えてもらえれば、何かあったときに、あの人、どこどこで見たとか言ってもらえるので。

釈――あいさつでいつも迷うことがあるんです。朝は「おはようございます」ですが、何時ごろから「こんにちは」になるのでしょうか。8時ごろ「おはようございます」ってあいさつすると「こんにちは」って返されることがあって、もう「こんにちは」なの？　って思っちゃいます（笑）。

編集長――どちらでも、それほど気にしなくていいと思いますよ。気持ちが通じればいいんです。そう、大峰山の山上ヶ岳ではみんな「ようお参り」とあいさつをするんです。これは「よくここまでお参りくださいましたね」という相手へのねぎらいと感謝の気持ちを表す言葉だと、お会いした行者さんに教えていただきました。はじめは私も知らずに「こんにちは」と言っていたのですが、3回目ぐらいからは「ようお参り」にしました。

釈――へえ。山上ヶ岳は先ほど教えていただいた女人禁制の山ですよね。確かめたいけれど、行けないのが残念！

山上ヶ岳山頂にて。ここでのあいさつは「ようお参り」

Q 57 ほかの国でのあいさつは？

日本人はどちらかというとシャイな人が多いですが、山に行くとみんなフレンドリーになるのがおもしろいですね。ところで、海外では、なんてあいさつをしているのでしょう？

編集長――英語圏のアメリカやニュージーランドなら「ハロー」や「ハーイ」、フランスなら「ボンジュール」などが普通のあいさつでしたね。スイスでは朝、ドイツ語の「モルゲン」が多いです。「グーテン・モルゲン（おはよう）」を略しているのでしょう。オーストリアのチロル地方では必ず「グリュース・ゴット」（神のご加護を）と言っていました。カトリック信徒の多い土地柄ですよね。ネパールでは「ナマステ」。この言葉だけで朝昼晩すべてＯＫです。

釈――海外の人はエレベーターで知らない人に会っても、にこやかにあいさつしますものね。

編集長——お隣りの韓国のあいさつは、「アンニョンハセヨ」ですが、ひんぱんにあいさつをすることはないようです。とくに週末の北漢山や道峰山などは混んでいて、いちいちあいさつしていたら大変なことになってしまいます。

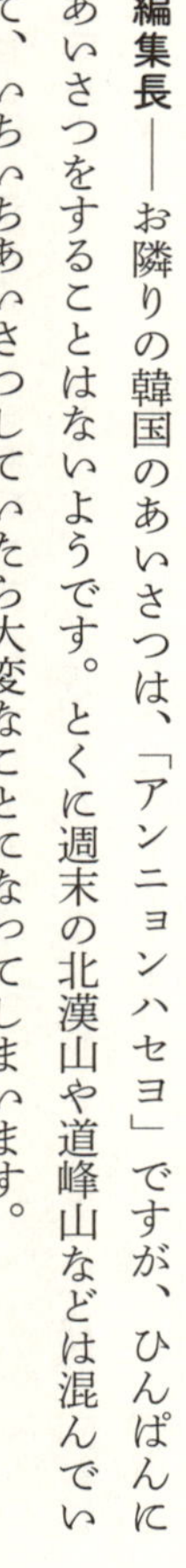

韓国・道峰山（トボンサン）の登山道にて。これだけ登山者があふれていると、あいさつどころではないことがよくわかる

釈——たしかに、日本でも高尾山のように混雑した山ではあいさつする余裕がありませんものね。それでも、道を歩いていて、外国の方から「コンニチワ」と声をかけてもらうと思わず笑顔になっちゃいます。

編集長——日本に来ると、大きな声であいさつを交わす方もいますよね。無理に日本語でなくとも、「アンニョンハセヨ」でも「ハロー」でも、何でもうれしいものです。山を愛する者どうし、互いに明るくあいさつしましょう。

Q 58 登山道は誰が整備しているのですか？

登山道は草刈りがされていたり、道標が立っていたりと整備されていますよね。いったい誰が作業しているのですか？

編集長——登山道は、生活道として使われていたもの、自然にできたもの、山小屋の人が作ったもの、林業や送電線の管理道など成り立ちにいろいろあって、誰が管理するのかはっきり決まっていないのが現状です。一般的には、里山は地元自治体や山岳会が整備していることが多いようです。もちろん業者に頼むこともありますが、ボランティアを募って整備しているところもあります。

釈——ボランティアが整備してくれている山もあるのですね。最近は集中豪雨などで登山道が荒れることも多いですから大変でしょう。

編集長——そうですね。ただ、一度管理すると、事故が起きたときに責任を問われるということもあり、整備に消極的なところもあるようです。

釈——整備してくれているのに、責任問題が発生することもあるのですか。もともと登山は自己責任なはずなのに。それで整備されなくなったら、登れない山も出てきてしまいますね。

編集長——はい。だから難しい問題でもあります。

釈——奥穂高岳に登ったとき、穂高岳山荘の中林支配人にもサポートしていただきました。そのとき中林さんが奥穂の険しい山道を登りながら、浮き石を落ちない場所に移動させたり、道の整備をしていて驚きました。私なんて、自分が登るだけで精いっぱいだったのに、すごいと思いました。

編集長——そうでしたね。北アルプスのように山小屋があるところは、それぞれの山小屋で担当区間を決めて日常の手入れをしています。北アルプスは中部山岳国立公園ですが、やはり管理者不在の道がほとんどで、登山道整備は山小屋に頼っているのが現状。ただ、自治体が管理費の一部を負担したり、登山者から整備のための資金の寄付を募る新しいシステムも確立しつつあります。

釈——やっぱり道が整備されていると気持ちがいいし、なにより歩きやすくて安全です。これからも道を整備してくださっている方々に感謝して歩きたいと思います。

Q 59 山で見かける石積みはなんですか？

山頂や峠など、広いところで石を小高く積んだものをよく見かけます。あれはどのような意味があるのでしょうか？

編集長——えっ、もしかして本当に知らなかったの？　あれを……？　それはケルンといいます。広い尾根で迷いやすい場所の目印だったり、山頂の位置を明確にするために作られたものです。

釈——目印だったのですね。何かのおまじないか、魔除けなど山岳宗教に関係するものかと思っていました（笑）。

編集長——もっと現実的な意味があるのです。迷いやすい場所の道しるべとしては、北アルプスの八方尾根や八ヶ岳の硫黄岳にあるものが代表的です。両方とも尾根が広く、積雪期には道を見失いやすいので、今もルートの目印として役立っています。山頂の位置を明確にするものとしては、奥穂高岳の神社の石積みがよく知られてい

八ヶ岳・硫黄岳のケルン。霧に巻かれたときには心強い道しるべとなる

ますね。奥穂高岳の山頂はピークが2つあり、どちらが山頂かわかりづらかったので、それをはっきりさせるために、穂高岳山荘を創設した今田重太郎さんが築いたものだそうです。

釈――ケルンにそういう大切な意味があるのなら、それ以外の場所で勝手に石を積んだりしないほうがいいですね。

編集長――そうですね。平らな石があるところでは、よく石を積んで遊ぶ人もいますが、景観を損なうことにもなりますから、自然のものは自然のままに。むやみに石を動かしたり積んだりしないようにしましょう。

Q 60

山開きってなに？

富士山では毎年7月初めに山開きをやっていますが、山開きって何ですか？　それ以前は登ってはいけないのでしょうか？

編集長――昔は山は信仰の対象だったので、決められた期間だけ登ることが許されていました。この日から登拝してもいい、という解禁日が「山開き」です。山開き以前でも登れなくはないですが、登山道に雪が残っていたりして一般的でないことが多いですね。また、山開きのことを「開山祭」と呼んでいるところもあり、山によって時期は違います。

釈――山開きの日が違うのは、その山によって登れる時期が違うからですね。

編集長――山開きの行事は主に登山の安全祈願祭です。その山に関連する神社の神職が来て、登山口や山頂などで神事を執り行ないます。閉山の神事を行なう山もありますが、開山祭に比べると規模が小さいところが多いようです。

Q 61 ピオレドールって何ですか？

クライマーの平出和也さんと中島健郎さんが受賞された「ピオレドール」が気になります。これはどういった賞なのでしょうか？

編集長——ピオレドールとはフランス語で「金のピッケル」の意味で、その年の最も優れたアルパインクライミングの記録に対して贈られる賞です。

釈——**ピオレドール……、最初はなんだかスイーツの名前なのかと思っていました。**

編集長——ああ、たしかにそんな響きを感じますね（笑）。ちなみにピオレはピッケル、ドールは金を意味します。ところで釈さん、パルムドールはご存じでしょ？

釈——**もちろん知ってますよ。カンヌ国際映画祭の最高賞ですよね。**

編集長——そう。こちらの賞の名前の意味は「金のシュロ」。勝利や栄誉の象徴とされるシュロ（ナツメヤシ）のデザインがトロフィーに使われています。もうひとつ有名なのがバロンドール。

釈——わかった。サッカーですね。

編集長——そうです。バロンドールを直訳すると「金のボール」。フランスのサッカー専門誌が創設した、その年の世界年間最優秀選手に贈られる賞なんです。これと同じように、ピオレドールはフランスの登山専門誌と登山団体が1991年に創設した賞です。創設当初はナンバーワンを決めるスタイルだったのですが、そもそもクライミングは人と競うものではないという理由で2009年から複数の優れた記録に対して授与されることになったんです。

釈——「登山界のアカデミー賞」みたいなものでしょうか？

編集長——そのとおり！　「アルパインクライミング界のオスカー」と主催者側が表現しているのを聞いて、私がクライミング雑誌でそのように紹介したら広まっていったようです。なんとなく賞の重みが伝わるでしょ？

釈——ちなみに誰がどうやって選考するのですか？

編集長——6〜7名からなる国際技術審査委員たちの協議によって選ばれています。審査委員会は過去にピオレドールを受賞したことのあるクライマー、もしくは同等レベルのクライミングを実践している者で構成されています。以前は審査委員にジャーナリスト枠が設けられていたため、2011年には『ROCK&SNOW』編集長だった私も審査の席につかせていただきました。クライミングの記録は数値化できるものではなく、審査の基準を自分なりに解釈して判定しなければならないため、ノミネートすべき記録の選考段階からかなり頭を悩ませたことを覚えています。

釈——それでも合否をつけなければならないことって、本当に大変だったのでしょうね。ちなみに最も多くピオレドールを受賞したクライマーはどなたでしょう？

編集長——英国のポール・ラムズデンという方です。計5回もの受賞歴があります。インドやパキスタンの知られざる氷雪壁に多くの初登攀記録を残してきました。

釈——平出さんかと思っていました。

編集長——平出和也さんは日本人初の受賞となった2009年度のカメット南東壁から2024年度のティリチミール北壁まで、計4回、ピオレドールを受賞しています。ほかにも日本人のピオレドール受賞者は平出さんのパートナーだった中島健郎さんの3回、ほか9名の方が受賞しています。

釈——日本人クライマーは、ずいぶん昔から高水準のアルパインクライミングをされていたのですね。

編集長——そういった意味では、2021年に山野井泰史さんがピオレドール生涯功労賞を受賞したのはものすごい名誉なことなんですよ。

釈——生涯功労賞? 引退された方への特別賞か何かですか?

編集長——こちらはアルパインクライミング界に高い功績を残し、後に続くクライマーに強い影響を与えたクライマーに贈られる賞なんです。初代がワルター・ボナッティ、2人目がラインホルト・メスナー、3人目がダグ・スコットと、世界のクライミング史に名を刻んだレジェンドだけが受賞しているんですよね。

釈——そういえば編集長も取材でフランスに行かれていましたね。

編集長——はい。ピオレドールはその年の優れた記録を表彰するだけでなく、世界中からトップレベルのクライマーとジャーナリストが集まり、共に登り、語り合う場としても重要な役割を果たしています。今後もこうした機会を通じて世界のクライミング記録を集めて雑誌やウェブサイトで紹介していきたいと思います。

編集長が審査委員をつとめた2011年度のピオレドール・トロフィー。名のとおり金色のピッケルが埋め込まれている

第5章

山の自然

Q 62 どうして山の天気は変わりやすいのですか？

「山の天気は変わりやすい」ってよく聞きますが、山に登っていると本当に天気の変化をよく感じます。でも、どうしてコロコロ変わるのですか？

編集長――山は麓よりも雲ができやすいのです。海や地上で暖められた空気は、軽くなって山の斜面に沿うように上がっていきます。ところが、山の上のほうは気温が低いので空気も冷やされて、空気の中に含まれていた水蒸気が水、つまり霧や雲となり、それが集まると雨が降るというわけです。ほかに、水分を含んだ空気が山にぶつかることによって雲ができるということもあります。

釈――朝は天気がいいのに、午後になるとガスが出ることが多いのは、午前中に暖められた空気が山のほうに上がってくるからですか？

編集長――そのとおり。その現象が顕著にわかるのが夏です。夏は日差しが強く、日中、空気がいっきに暖められます。それが午後、山のほうに上がってくると、急に冷やされて大きな積乱雲ができ、雷雨となることが多いんです。だから夕立がくる前、午後の早めの時間帯にその日の行動を終わらせないといけないんですね。

釈——夕立ではないですが、富士山に登ったときも丹沢に行ったときも、登りはじめたころは青空も見えていたのに、登っているうちに雨や雪が降ってくるという体験をしました。だから、出発のときに晴れていても、レインウェアは必ず持っていなければいけないということがよくわかりました。ところで、今までは山のほうが天気が悪くなるという話でしたが、逆に、街が雲海に覆われていて、山は晴れているということもあるんですよね。

編集長——そうですね。雲が山より低く立ちこめているとき、山の上から見ると、足元に雲がまるで海のように広がって見えることがあります。雲海はきれいですし、いつもは見上げる雲を見下ろしながら、山の上を歩くのはちょっとした優越感に浸れますよ。

釈——私も立山や白山で雲海から昇る朝日を見たことがありますが、とても神々しく、厳粛な気持ちになりました。雲は山の景観の名脇役ですね。

Q 63 山の上はどうして空気が薄いの？

エベレストの山頂は地上の3分の1の空気しかないというお話しがありました。どうして山の上は空気が薄いのですか？

編集長――これは、気圧に関係しています。空気は目に見えないし、地球上に当たり前のようにあるもので、ふだんは存在を感じませんよね。ですから重さもゼロだと思いがちですが、じつは空気にもちゃんと重さがあって、私たちはいつも空気の圧力に押されている状態なのです。山の高いところに行くと、上にある空気の層が登った分だけ薄くなるので圧力も小さくなります。

釈――そういえば、理科の授業でも習いました。海面での気圧が1気圧ですよね。

編集長――そうです。1気圧は1013hPa（ヘクトパスカル）で、標高3776mの富士山山頂はだいたい650hPa、つまり約0・64気圧です。エベレスト山頂（8848m）は370hPa、約0・36気圧になります。

釈——標高の高いところに行けば行くほど、気圧が低くなって押される力が少なくなるのでお菓子やパンの袋が膨らむのですね。

編集長——はい。それでわかるように、気圧が低くなると空気が膨張します。空気が薄くなり、そこに含まれる酸素の量も減るから息苦しくなるんですね。

釈——なるほど。曖昧だったことがよく理解できました。

富士山頂では、酸素は平地の約3分の2

気圧の変化の影響で、山の上ではパンの袋がこんなに「パンパン」に……

Q 64

木はなんで紅葉するのですか？

八ヶ岳の美濃戸（みのと）へ家族でピクニックに行ったことがあるのですが、そのときの紅葉が本当にきれいでした。カラマツの黄色の中に、カエデの赤も少し混じっていて。紅葉ってなんであんなにきれいな色になるのでしょう？

編集長——まず、木の葉がなぜ緑色なのかというところから説明しましょう。植物は光をデンプンなどの養分に変えて成長していますね。それを行なうのが主に葉に含まれる葉緑素（クロロフィル）で、これが緑色をしているので葉は通常、緑色に見えるのです。ところが、冬は太陽の光が当たる時間が短く、養分をつくり出すより成長のために使われるほうが多くなってしまいます。ですから、植物は葉を落とし、休眠状態で冬を過ごすのです（落葉植物）。

釈——枝だけになるのは、動物が冬眠するのと同じようなものなのですね。

編集長——そうですね。葉を落とす前に、葉緑素が必要なくなるので分解されます。そうすると、葉にもともと含まれていたカロチノイド（黄色やオレンジ色をしている）が残り、葉が黄色やオレンジ色になるんです。さらに、植物によっては秋になるとアントシアン（赤色をしている）という抗酸化物質を葉にため込むものがあり、これがカロチノイドより多くなると赤く見えるようになります。

釈——美濃戸で見たカラマツの黄色はカロチノイド、カエデの赤はアントシアンの色だったんですね。この前、焼岳で見たナナカマドも鮮やかな赤だったので、葉にアントシアンが含まれていたということ。そう考えると、紅葉もなかなか科学的ですね。

編集長——木によって、赤くなるか黄色くなるかはだいたい決まっているのですが、育つ環境や、その年の気象条件によって色が変わることがあります。

釈——だから、今年は紅葉がきれいとか、そうでもないとか、年によって違ってくるのですね。

編集長——夏に暑すぎたり、紅葉前に台風が来て葉が傷むと、ほとんど紅葉せずに茶色に縮れ、そのまま落葉してしまう年もあります。

Q 65

高山植物を採ると罰せられるの?

山の花を採ったり傷つけてはいけないことはわかりますが、それを規制する法律はあるのでしょうか?

編集長――自然公園の特別保護地区に指定されているところでは、一木一石たりとも採ってはいけないと法律で決められています。国立公園は特別保護地区、特別地域、普通地域などに分かれていて、それによって規制の程度も決められています。

釈――登る山が自然公園かそうでないか、また特別保護地区はどこからか知りたいときはどうすればいいですか?

編集長――自然公園財団のホームページなどを見ると「国立公園マップ」というのがあって、そこに国立公園の区分が色分けして載っています。それを見れば、特別保護地区はだいたいこのあたりというのはわかります。でも、実際の山では線が引かれているわけではないので、一般の登山者にはとてもわかりづらいですね。ただ、有名山岳のほとんどは国立公園か国定公園に指定されていて、特別保護地区を含むと思ったほうがいいです。たとえば北アルプスは「中部山岳国立公園」で、焼岳、穂高岳、槍ヶ岳、三俣蓮華岳、黒部五郎岳、薬師岳、立山、剱岳、鷲羽岳、烏帽子岳、蓮華岳、鹿島槍ヶ岳、白馬岳、朝日岳など主稜線はすべて特別保護地区です。

釈――そんなに広大なエリアが特別保護地区なんですね。もちろん山で花を採ったり、石を持って帰ってはいけないとみんなわかっていると思うのですが、登山道にあった、きれいな落ち葉を記念に拾って帰るぐらいはいいんですよね？

編集長――いや、特別保護地区ではそれも規制されています。落葉落枝の採取であっても、許可または届け出が必要だと定められているのです。

釈――え～。落ち葉一枚でもダメなんですか。でも、法律で決められているからということではなく、将来に自然を残すために大切にしていきたいと思います。

編集長――そうですね。昔から「山でとってもいいのは写真だけ」と言われてきましたが、まさにそのとおり。ただし写真のために、道を外れて花の近くに寄るようなことは避けましょう。雨が降ると踏み跡に水がたまり、やがてそこが水路となって草の根を流してしまうことがあるからです。

Q 66 花に当たり年があるのはなぜ？

登山者の会話で「今年は花の当たり年だ」とか「花のつきが悪い」と言っているのを耳にします。本当に同じ木でも、年によって花が咲いたり咲かなかったりするのですか？

編集長——これは実際にあります。私の出身地の近くに高原山（たかはらやま）という山があって、そこはシロヤシオというツツジ科の木が多いのですが、年によって真っ白になるほど多くの花をつけるときと、ちらほら程度しか咲かないときがあり、花のつき具合に大きな差があります。この現象はツツジ科の木に多いようですね。

釈——小学生のころに家族で尾瀬に行ったのですが、ミズバショウが本当にたくさん咲いていてきれいでした。そのとき、父が今年はとくに花が多いなあというようなことを言っていたのを覚えています。木ではない植物でも年によって差があるのですか？

当たり年のシロヤシオ。檜洞丸にて（写真＝小林千穂）

編集長――ありますよ。有名なのがコバイケイソウです。これも花のつき方に顕著な違いが出ます。周期にはいろいろな説がありますが、3〜4年に一度、当たり年になるようです。

釈――どうしてそんな違いがあるのですか？

編集長――はっきりは解明されていないのですが、確実に子孫を残すためだと思われます。花を咲かせて種を作るのは、植物にとってとてもエネルギーの必要なこと。それを毎年続けるより、周期をつくって普段はエネルギーを蓄えておき、何年かに一度、いっきに花を咲かせたほうが効率的だからではないでしょうか。

Q 67

花の名前を覚えるのが難しいです

山に咲いている花は種類が多くて、聞いてもすぐに忘れてしまいます。何か覚えるコツはないでしょうか？

編集長――花の名前は一度聞いただけではなかなか覚えられないでしょうね。人に聞くだけでなく、自分でも調べてみるといいですよ。今は山にも持っていけるよう、コンパクトにまとめられた植物図鑑もあります。

釈――自分で調べると覚えやすいのですね。私は子どものころから山に登ってはいましたが、花にまでは目が向かなくて。それが番組をやるようになって、雪が解けたあとに花がいっせいに咲くすばらしさなどを知るようになりました。実際に山で感動したのが白山のお花畑。木道沿いにたくさんの花が咲いているのを見て、そのときに、この花の名前をちゃんと知っていたらいいのにな、と思いました。何度も見ている花は、名前を聞けば「ああ～」と思い出すのですが……。

編集長――白山の木道沿いなら、ミヤマキンポウゲとかシナノキンバイとか、黄色い花が多かったのでは？　花を図鑑で調べるときに、漢字でどう書くのかもいっしょに見るといいですよ。ミヤマキンポウゲは「深山金鳳花」。深山は山の奥深く、つまり標高の高いところに咲くことが想像できるし、金鳳花からは光沢のある黄色の花色も思い浮かべられそう。シナノキンバイは「信濃金梅」。漢字を見れば、信濃に多い黄色い梅のような花というヒントが浮かぶのでは。

釈――本当だ。花の名前って暗号みたいで、全然覚えられないと思っていましたが、漢字を見るとそれぞれに意味があることがわかりますね。

編集長――由来を知るとさらに覚えやすいですよ。たとえばコマクサは漢字で「駒草」ですが、これは花の形が馬の細長い顔に似ているから。チングルマは「稚児車」と書くのですが、これは花が咲いたあとにできる果穂が子どものおもちゃの風車に似ているから、などと言われています。

釈――それなら覚えられそうです。横尾から涸沢に行く途中にきれいな花がありましたね。あれはソバナでしたっけ？

編集長――そうです。横尾から30分ほど行ったところにある、花の斜面ですね。こ

花が散ったあとの実（下）が子どもの遊具の風車「稚児車」に似ていることからチングルマ

葉が車輪のように丸く広がることからクルマユリ

こはソバナが多いので、私はソバナ街道（花道）と勝手に名づけているんです。ソバナは漢字で「岨菜」。岨、つまり急な崖の近くに生えている花という意味です。花の名前は知っておくと楽しいですよね。花に対する愛着も湧きますし。

釈――そうですね。あと、山名がつく花もたくさんありますよね。早池峰（はやちね）山に咲くハヤチネウスユキソウとか。花を山へ行く前に覚えて、登山しながらその花を探すというのも楽しそうです。

編集長――なるほど。山の名前で有名なものといえばハクサンが多いです。ハクサンイチゲ、ハクサンフウロ、ハクサンシャジン、ハクサンコザクラなど、切りがないぐらい挙げられます。イブキも多いですよ。イブキトラノオ、イブキジャコウソウ、イブキタンポポなど。ところで釈さんはどんな花が好きですか？

釈——私はどちらかというと、白くて可憐な感じの花が好きですね。スズランとか。だからスズランが自生する入笠（にゅうがさ）山に行って来ました。大群落に、息子ともども大興奮でした。あとは、涸沢でチングルマを見たときは、ウメのような形でかわいいと思いました。好きな花から名前を覚えるのも、いいかもしれませんね。

編集長―花を目的にした山行も楽しいので、ぜひ、計画を。

図鑑で花の名前を調べました。あった。「ソバナ」だ

Q 68

山でクマに遭ったらどうすればいい？

早朝、登山道を歩いていたらクマのフンらしきものや幹を爪でひっかいたような跡を見つけました。もし、山の中でクマに出遭ってしまったらどうしたらいいでしょうか？

編集長――クマは、遭ったらどうするかを考えるより、遭わないようにすることが大切です。クマをよっぽど驚かさないかぎりは、いきなり襲ってくることは少なく、たいていクマのほうが先に人間の存在に気づいて遠ざかっていきます。

釈――熊鈴をザックに付けるなどして、音を出しながら歩くのが有効なのですか？

編集長――そうですね。ホイッスルを吹くのもいいでしょう。あと、これはあるガイドさんから聞いたのですが、タバコを吸うのも効果があるそうです。自然にはタバコの匂いはないから、煙のにおいを嫌がるということらしいです。タバコは熊よけのためなんだって、そのガイドさんは喫煙を正当化していました（笑）。まあ、これは余談ですけどね。いちばん大切なのは、遭わないようにこちらの存在を相手に知らせるということ。それでも遭ってしまったら、そっと後ずさりをするようにしましょう。背を向けて逃げるのはダメだということは覚えておいてください。

釈——そうなんですか？　悲鳴を上げて逃げてしまいそうだけど……。

編集長——クマは逃げるものを追うという習性があるんです。だから、逃げると逆に追ってきて、襲われる可能性が高くなるんです。あと、昔は死んだフリをするといいといわれていましたが、これもよくないです。うずくまってじっとしていると、本当に死んでいるか確かめに来るのだそうです。そのときに爪で引っかかれて大けがになることも。いちばんいいのは、背中を見せず、目をそらさず、静かに後ずさりすることです。

釈——大声を出すのもダメなんですね？　とにかくクマを刺激しないようにする。

編集長——はい。刺激しなければ、襲ってくることはめったにないです。私も5回ほど山でクマに遭ったことがあるけれど、相手のほうが先に気づいて、何もしないで去っていきましたから。至近距離でクマが去っていくのをじっと待つ時間はすごく長く感じられましたけどね。

釈——ひとりで雲取山に登っていたとき、獣の強い臭いがして、気づくと足元にホカホカのクマのフンがありました。あいにくクマよけ鈴を持っていなかったので、手をたたいて音を出しながら足早に通過したんです。

編集長——音を立てたのは正解でしたね。鈴など音の出るものを持っていないときは、手をたたいたり、トレッキングポールをぶつけ合わせて音を出してこちらの存在を相手に知らせることが重要です。そして、いざというときのためにクマよけスプレーを携行すると安心です。使用法をよく読んで、すぐに取り出せるように準備しておきましょう。

北海道大雪山系で出遭った親子グマ。登山道のすぐ近くで2頭の子グマを見かけたが、私たちの姿を見て子グマは親の元に帰って行った

Q 69

山の虫が怖いです

以前、伊豆の山に登ったとき、首を虫に刺されて病院へ行ったことがあります。結局、何の虫かはわからなかったのですが、何日か赤く腫れて痛がゆく、つらかったです。虫に刺されない工夫ってありますか？

編集長――虫よけスプレーを使うのがいちばんです。薬局などで売っているスプレーでもいいですが、山によくいるブユを防ぐにはミントの製油スプレーも効果的です。天然素材で体にもやさしいですし。虫刺されは人によっては腫れが大きくなることがありますから、気をつけなければなりません。

釈――そう、私は虫に刺されると大きく腫れてしまうんです。痕が残るのも気になります。ですから、なるべく肌は露出しないようにしています。

編集長――肌を出さないことも大事ですが、そのときに気をつけなければならないことがあります。ブユは黒いものを狙って集まってくるので、黒いウェアはなるべく身につけないほうがいいですよ。これはハチも同じです。蚊やブユなど吸血する虫は、一般的に沢筋とか沼など水が多く、湿ったところに多くいるので、夏にそのようなコースを避けることも有効かもしれません。

釈――暗い色の帽子やTシャツなどを選ばないようにするといいのですね。ハチも怖いですね。アレルギー反応で死んでしまうこともあるのでしょう？

編集長――じつは、スズメバチに刺されて亡くなる人は年間だいたい20人ぐらいいて、クマに襲われたり、ヘビに噛まれて死亡する人の数よりずっと多いのです。山ではクマに比べてハチを意識している人は少ないかもしれませんが、もっと気をつけたほうがよさそうですね。ハチは香水の香りにも反応するといわれているので、山ではつけないほうがいいですよ。

釈――虫に刺されたときのために持っておくとよいものはありますか？

編集長――ハチに刺されたときにはポイズンリムーバーという用具が有効です。刺されてすぐなら、毒素をある程度吸い出すことができます。あとは、ブユなどに刺されたときのために抗ヒスタミン剤を持っていると安心です。

Q 70

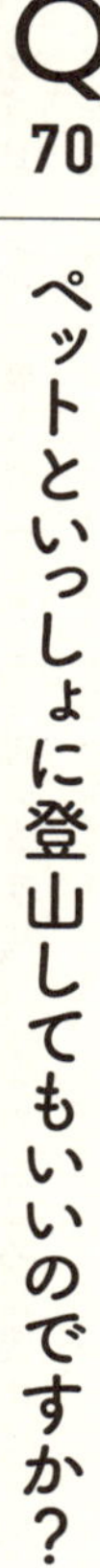

ペットといっしょに登山してもいいのですか？

私は犬が大好きです。犬を連れて登山をしている人がいると目がいくのですが、法律で禁止されているわけではないのでしょうか？

編集長――犬を山へ連れて行っていいのか悪いのか、意見が大きく分かれ、よく議論になる話題です。自然公園内であっても、日本にはペット同伴の登山を禁止する法律はありませんから、犬を連れて登山をしても罰則を受けたりすることはありません。ただ、自粛を要請している地域はあります。

釈――そうなのですね。でも、なんとなく山へ連れて行くのは気が引けます。

編集長――里山へ散歩程度に連れて行くくらいなら大きな問題はないと思いますが、登山者のなかには犬が苦手という人もいますから、連れて行くとしても、リードをしっかりつなぐ、吠えさせない、トイレの世話をきちんとするなど、マナーを守ることは大切でしょう。ペット同伴に反対する人のなかには、犬が野生動物を襲って傷つけると言う人もいますね。あとは、犬の持っている病原菌が野生動物に悪影響を及ぼすとか。また、その逆も考えられそうですが、実態調査がされていないので影響についてはよくわかっていないのが現状のようです。

釈――なるほど。編集長がおっしゃったように登山口にペット同伴自粛の看板が立っているのを見たことがありますが、そのようなところはどうでしょうか？

編集長――禁止することはできないのですが、山によってははっきりと自粛を求めているところもあるようですね。登山口にしっかり書かれているのであれば、地元の考えに従うべきではないでしょうか？　逆に、東京の御岳（みたけ）山のように犬に寛容な山もあります。山頂の武蔵御嶽神社はニホンオオカミが大口真神（おおぐちまがみ）（＝おいぬ様）として祀られていることから多くの愛犬家を迎え、愛犬の御祈祷ができるだけでなく、犬と歩くハイキングコースまで紹介されていますよ。釈さんはペットといっしょに山に登りたいと思いますか？

釈――私が以前飼っていたチワワは、臆病で急な坂を登り降りなんてできませんでした。山のレベルや犬種にもよると思いますが、いまのところは登山と、犬をかわいがることは別に考えたいと思っています。

Q 71 火山はいつ噴火するか予測できますか？

２０１４年に御嶽山で起こった噴火による事故はたいへんショックで、私もメディアを通じて山を紹介しているひとりとして、深く心を痛めました。何か防ぐ手立てはないのでしょうか？

編集長――結論を言うと、残念ながら今の技術では、噴火を予知することはかなり難しいというのが現状です。日本には１１１もの活火山があります。活火山の定義が難しいのですが、気象庁では国際的な指標の「概ね過去１万年以内に噴火した火山及び現在活発な噴気活動のある火山」を活火山としています。そのなかで特に監視・観測の充実が必要とされている火山が火山噴火予知連絡会によって２００９年に47山選定されていました。その後、弥陀ヶ原などが追加されて現在は50山が「常時観察火山」とされ、気象庁の火山監視・警報センターによって24時間体制で監視されています。選定時の47山は次ページに掲載しますので、チェックしてみてください。そのなかには「日本百名山」の山が22山も入っています。

釈――ホントだ。登山者に人気の山がずいぶん入っていますね。私が登ったことのある山もいくつか入っています。

火山防災のために監視・観測体制の充実等の必要がある火山

火山噴火予知連絡会によって、今後100年程度の中長期的な噴火の可能性及び社会的影響を踏まえ、火山防災のために監視・観測体制の充実等の必要がある火山として選定された47火山とその選定理由

選定理由	火山名
①近年、噴火活動を繰り返している火山 ・過去数十年程度の間、頻繁に噴火している ・100年以内の間隔でマグマ噴火を繰り返している	雌阿寒岳、十勝岳、樽前山、有珠山、北海道駒ヶ岳、秋田焼山、秋田駒ヶ岳、吾妻山、那須岳、草津白根山、浅間山、新潟焼山、焼岳、御嶽山、伊豆大島、三宅島、硫黄島、阿蘇山、霧島山、桜島、薩摩硫黄島、口永良部島、諏訪之瀬島（23火山）
②過去100年程度以内に火山活動の高まりが認められている火山 ・地震活動 過去100年程度の山体浅部の地震活動（マグマの動きに関連したものなど） ・地殻変動 過去10年程度のマグマ貫入等に伴う地殻変動 ・噴気活動・地熱活動 過去100年程度の活発な噴気活動、地熱活動	アトサヌプリ、大雪山、恵山、岩手山、栗駒山、蔵王山、安達太良山、磐梯山、日光白根山、乗鞍岳、白山、箱根山、伊豆東部火山群、新島、神津島、八丈島、鶴見岳・伽藍岳、九重山（18火山）
③現在異常はみられないが過去の噴火履歴等からみて噴火の可能性が考えられる	岩木山、鳥海山、富士山、雲仙岳（4火山）
④予測困難な突発的な小噴火の発生時に火口付近で被害が生じる可能性が考えられる	倶多楽、青ヶ島（2火山）

（注）本表は2011年に気象庁のホームページに発表されたもので、その後、3山が加わり50山が「常時観測火山」となっている

編集長——日本で登山を楽しもうと思ったら、火山を避けるのは難しいということがわかるでしょう。いろいろな考えがあると思いますが、火山だから危険＝登らないなどと決めつけるのではなく、大切なのは火山に関心を持つことではないかと思っています。

釈——とくに注意が必要な火山は、噴火の警戒レベルが公開されてますよね。

編集長——そうです。これも気象庁のホームページなどで確認することができます。レベル1「活火山であることに留意」、レベル2「火口周辺規制」、レベル3「入山規制」、レベル4「高齢者等避難」、レベル5「避難」の5段階で表されています。ただ、レベル1であっても、安全を保証するものではありません。登ろうとしている山がどのレベルにあるかを知り、「各火山の活動状況」などを見て最近異常が起きていないか調べ、自己責任で登るしかないといえるでしょう。

釈——人任せにするのではなく、自分で責任をもって調べることが大事なんですね。火山は怖いですが、一方で地熱や温泉などの恩恵も与えてくれています。私たちの先祖がそうであったように、うまくつき合っていくことが大切だと思いました。

Q 72

山の水は飲んではだめですか？

山で自然に湧く水って冷たくて、とってもおいしいですよね。でも、どこの水が飲めて、どこが飲めないかの区別が難しいです。どうしたらわかりますか？

編集長——まず、上流に民家や山小屋など、人が生活している場所がある沢の水は汚染されている可能性があるので飲まないようにしましょう。たとえばこの前、穂高へ行ったとき、横尾から涸沢へ向かう途中で本谷橋を渡りましたね。あそこの沢水は飲まないほうがいいでしょう。上流の涸沢に山小屋やテント場がありますから。また、奥多摩や丹沢などの登山者が集中することの多い山域の沢も、水場の指定がある場所以外では飲まないほうが無難です。

釈——**そういえば、横尾本谷の水は「飲めません」と現地にも書いてありましたね。**

編集長——あと、北海道ではエキノコックスという寄生虫が野生動物のあいだで広がっている地域があり、沢の水は煮沸したほうがいいといわれています。また登山地図を見ると、水場のマークがついている沢がありますと思っていいでしょう。ただ、自然の水場は季節によって涸れることもあるので、100パーセント当てにしないほうがいいです。あらかじめガイドブックやインターネットなどで、涸れることがないか調べておくことも大切です。

釈――何日もテント泊縦走するときは、途中で水が補給できるのは貴重なことなんですよね。

編集長――テント泊の場合は、当てにしていた場所で水が補給できないと死活問題なので、特に注意が必要です。釈さんが今まで飲んだ山の水で、おいしかったと思ったのはどこの水場ですか？

釈――白山の延命水です。たしか水場の案内板に「ひと口飲むと3年長生きする」というようなことが書いてありました。喉が渇いていたこともあるのでしょうが、体にすっと入る気がして、たしかに長生きするかもと思いました（笑）。そのときは甥や姪といっしょに登ったのですが、「ママに持って帰る」って言って、ペットボトルに水をいっぱい詰めてお土産にしていましたよ。あとは、屋久島の白谷小屋

の水もおいしかったことを覚えています。

編集長――屋久島では縄文杉近くの水場をはじめ、各地でおいしい水が飲めますね。あと、森が深くて水が豊富という意味で南アルプスも魅力です。深い森に育まれた水はやわらかく甘い味を感じます。

屋久島の白谷雲水峡。苔むした岩の間を清流が流れる

縄文杉直下の水場。深い森の中から湧き出る一筋の流れ

Q 73

地球の温暖化が気になります。

最近、気になっているのが地球の温暖化。脆弱な自然環境だからこそ、山の自然の変化から地球の温暖化が読み取れると聞いてますが、編集長、なにか思い当たることはありませんか？

編集長――目で見てはっきりと地球温暖化が実感できるのは、やはり氷河の後退でしょうね。たとえばモンブラン山群にあるフランス最大の氷河、メール・ド・グラス氷河。ここはモンタンヴェールという登山鉄道の終着駅から下りのケーブルカーに乗り、そこから急な階段を歩いて氷河に降り立つのですが、年々、氷河が低くなっていくのでその都度、道を延長して整備しているようです。

釈――氷河が薄くなってしまい、その分、長く下りないとたどり着けないわけですね。

編集長――降り立った氷河には人が入れるほどの横穴が掘られていて観光スポット

にもなっているのですが、氷河の後退によって穴の位置をずらさないと厳しい状況になっているようです。昔の写真と比べてもはっきりとわかる後退ぶりです。

釈——編集長は実際にその変化をご覧になっているのですか？

編集長——はい。30年ほど前に訪れたときと10年前とでは谷の景色が変わっていました。二度目の訪問のときはヴァレ・ブランシュという上流の氷河からスキーで滑って下りたのですが、雪の後退が予想以上に大きく、そしてケーブルカー乗り場ま

メール・ド・グラス氷河からケーブルカーの駅を見上げる。30年前はこんなに高くなかった（撮影＝2011年4月13日）

バレ・ブランシュの氷河スキー。この斜面の下流につながるのがメール・ド・グラス氷河

での標高差があまりにも大きくなっているのに驚きました。このペースだと、いつか氷河の景観が見られなくなってしまう日がくるのかもしれません。

釈――そういえば白馬岳の大雪渓の雪解けが早くて通行止めになったことがありましたよね。

編集長――とくに2024年は猛暑と豪雨のために雪解けが早まり、安全性が確保できないという理由で7月に通行止めになりました。私の知るかぎりでは、こんなに早い時期に大雪渓が小さくなってしまうのは初めてです。

釈――冬に降る雪の量も減っているのかしら？　そのほか気づかれたことは？

編集長――北アルプスの稜線でセミが鳴いているのに驚いたことがあります。白馬岳～杓子岳間のコルと、穂高連峰の涸沢岳山頂付近での話です。森林限界を超えた稜線で、しかも寒冷な気候のなかで、地面も岩礫地なのでおそらく繁殖も難しいだろうに、不思議でした。

釈――えーっ、アルプスでセミですか。ハイマツの樹液でも吸っているのでしょうかね？　たしかに高山にセミの鳴き声は似合いませんよね。

編集長――温暖化との関連があるのかどうかはわかりませんが、とにかく北アルプスのセミには違和感を覚えました。そのほか、昔は見かけることのなかったサルが稜線近くに上がってきているとか、イタドリなど低地の草が高いところまで侵食してきて、本来そこにあった山の草花の生育に影響を与えているなど、動物の生育範囲や植生の変化などが感じられますね。

釈――そもそも下界の夏が暑すぎますものね。

編集長――温室効果ガス対策など、全人類的に取り組まなければならない課題も山積していますが、山岳自然環境の変化から温暖化に対して警鐘を鳴らすことも重要なのかなと思います。ふだんの生活のなかでできることは限られてしまいますが、個人的には、冬にはしっかりと雪が降ってほしいし、夏は太平洋高気圧の元気な夏晴れに出会いたいし、四季それぞれの季節に合った、異常ではない気象状況に期待したいですね。

釈――まったく同感です。ゲリラ豪雨とか、不安定な天候は遠慮してほしいです。

涸沢岳でジージー鳴いていたコエゾゼミ。右奥の突起が涸沢岳の山頂

第6章 山の実践

Q 74 初心者と行くならどんな山がいい？

最近、登山をしない友だちから、山登りの何が楽しいの？ とよく聞かれるのですが、知らない人にうまく説明できなくて……。説明するより、いっしょに山へ行くのがいいかなと思います。どんな山がいいでしょうか？

編集長——そうですね、説明しているだけではなかなか魅力は伝わらないと思いますので、実際に山へ行って、いっしょに楽しい経験をするのがいいのではないでしょうか？ 初めての人を連れていくのなら、ロープウェイやリフトがあって、行程の短い山がおすすめです。たとえば霧ヶ峰のように。ただ、山の上にリフトで上がって景色を見るだけだと観光旅行で終わってしまうので、歩くことを体験したほうがいいですね。

釈——それはいえますね。私も高尾山は20代のころから行っていましたが、いつも

ケーブルカーやリフトを使っていて。それで山に行っても、山登りをしたいとは思ったことはなかったです。自分の足で歩いていなかったからですね。いま、自分の足で歩いているから山のよさ、楽しさがわかってきたのだと思います。

編集長――おいしい空気を吸って、きれいな景色を見ながら体を動かすと気持ちがいいということを知ってもらえるといいですね。そういうきっかけづくりが大切かもしれません。

釈――若い人は、ただ景色がきれいだとか、達成感が得られるよということだけじゃなくて、お得感というか、一石二鳥のようなことに惹かれると思うんです。たとえばさっきも話に出ましたが、女性だったら、山に登ると楽しいというだけではなくて、じつは山はすごくカロリー消費にいいんだよとか、男の人ならメタボ改善にいいよって言うと、じゃあ、行ってみようかなって思ってくれそうな気がします。

編集長――「メタボ改善にいいよ」は若者以外にも使えそうな気がします……。

釈――一回、登山を体験してみてもらえば、きっと山のよさってわかってもらえると思うんです。それでみんなが大好きになってくれればいいですね。

Q 75 ガイドブックのグレードはどう決めるの？

ガイドブックを見ると「初級者向き」「中級者向き」「上級者向き」などコース難易度が書かれていますよね。どのように分かれているのでしょう。

編集長――初級は行程が短く、岩場などの危険箇所がないコースで、登山を始めたばかりの人でも比較的安心して歩けるコース。上級は急峻な岩場や雪渓の通過がある、または道が不明瞭で読図が必要だったり、標高差が大きい、行程が長いなど、登山の経験が豊富な人向きのコースです。中級はその中間ですね。グレードの目安はそれぞれのガイドブックに説明されているはずなので、それを見てください。では、初心者がいつ中級者になれるかというと、これはなかなか答えるのが難しいです。登山は武道のように昇段試験はありませんから……。初級者向きコースを人に連れていってもらうのではなく、自分の力でいくつも歩いてみて、気持ち的にも体

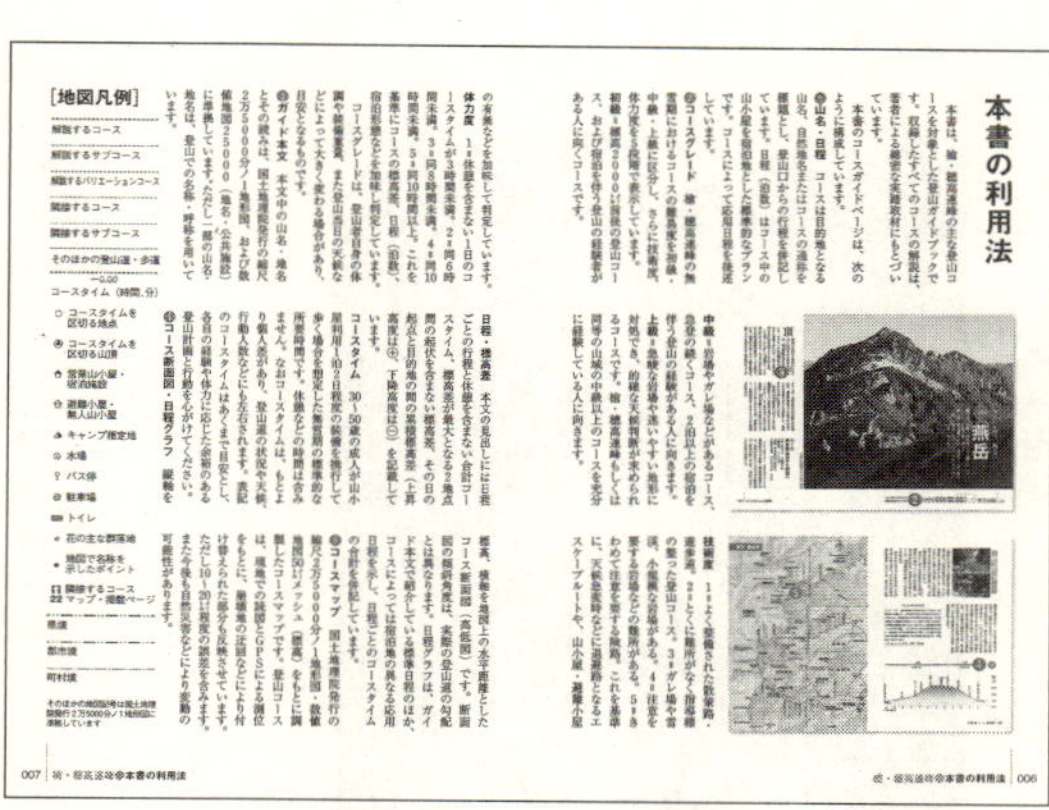

本書の利用法

本書は、槍・穂高連峰の主な登山コースを対象とした登山ガイドブックです。収録したすべてのコースの解説は、著者による綿密な実踏取材にもとづいています。

本書のコースガイドページは、次のように構成しています。

❶山名・日程　コースは目的地となる山名、自然地名またはコースの通称を標題とし、登山口からの行程を併記しています。日程（泊数）はコース中の山小屋を宿泊地とした標準的なプランです。コースによって応用日程を後述しています。

❷コースグレード　槍・穂高連峰の無雪期におけるコースの難易度を初級・中級・上級に区分し、さらに技術度、体力度を5段階で表示しています。

初級＝標高2000m前後の登山コース、および宿泊を伴う登山の経験者がある人に向くコースです。

中級＝岩場やガレ場などがあるコース、急登の続くコース、2泊以上の宿泊を伴う登山の経験がある人に向きます。

上級＝急峻な岩場や迷いやすい地形に対処でき、的確な天候判断が求められるコースです。槍・穂高連峰もしくは同等の山域の中級以上のコースを充分に経験している人に向きます。

技術度　1＝よく整備された散策路・遊歩道。2＝とくに難所がなく指導標の整った登山コース。3＝ガレ場や雪渓、小規模な岩場がある。4＝注意を要する岩場などの難所がある。5＝きわめて注意を要する険路。これを基準に、天候急変時などに退避路となるエスケープルートや、山小屋・避難小屋の有無などを加味して判定しています。

体力度　1＝休憩を含まない1日のコースタイムが3時間未満。2＝同6時間未満。3＝同8時間未満。4＝同10時間未満。5＝同10時間以上。これを基準にコースの標高差、日程（泊数）、宿泊形態などを加味し判定しています。

コースグレードは、登山者自身の体調や装備重量、また登山当日の天候などによって大きく変わる場合があり、目安となるものです。

❸ガイド本文　本文中の山名・地名とその読みは、国土地理院発行の縮尺2万5000分ノ1地形図、および数値地図25000（地名・公共施設）に準拠しています。ただし一部の山名・地名は、登山での名称・呼称を用いています。

日程・標高差　本文の見出しには日程ごとの行程と休憩を含まない合計コースタイム、標高差が最大となる2地点間の起伏を含まない標高差、その日の起点と目的地の間の累積標高差（上昇高度は㊉、下降高度は㊀）を記載しています。

コースタイム　30〜50歳の成人が山小屋利用1泊2日程度の装備を携行して歩く場合を想定した無雪期の標準的な所要時間です。休憩などの時間は含みません。なおコースタイムは、もとより個人差があり、登山道の状況や天候、行動人数などにも左右されます。表記のコースタイムはあくまで目安とし、各自の経験や体力に応じた余裕のある登山計画と行動を心がけてください。

❹コース断面図・日程グラフ　縦軸を標高、横軸を地図上の水平距離としたコース断面図（高低図）です。断面図の傾斜角度は、実際の登山道の勾配とは異なります。日程グラフは、ガイド本文で紹介している標準日程のほか、コースによっては宿泊地の異なる応用日程を示し、日程ごとのコースタイムの合計を併記しています。

❺コースマップ　国土地理院発行の縮尺2万5000分ノ1地形図・数値地図50mメッシュ（標高）をもとに調製したコースマップです。登山コースは、現地での踏査とGPSによる測位をもとに、[illegible]により付け替えられた部分も反映させています。ただし10〜20m程度の誤差を含みます。また今後も自然災害などにより変動の可能性があります。

[地図凡例]

- 解説するコース
- 解説するサブコース
- 解説するバリエーションコース
- 関連するコース
- 関連するサブコース
- そのほかの登山道・歩道
- —0.00 コースタイム（時間.分）
- コースタイムを区切る地点
- コースタイムを区切る山頂
- 営業山小屋・宿泊施設
- 避難小屋・無人山小屋
- キャンプ指定地
- 水場
- バス停
- 駐車場
- トイレ
- 花の主な群落地
- 地図で名称を示したポイント
- 11 22 関連するコース マップ・掲載ページ
- 県境
- 郡市境
- 町村境

007 槍・穂高連峰◎本書の利用法　　槍・穂高連峰◎本書の利用法 006

ガイドブックは、まず「利用法」のページを読もう

力的にも余裕が持てるようになったら、中級に挑戦してみるとよいと思います。

釈——わかりました。このグレードは、誰がどのようにして決めるのですか？

編集長——基本的には、そのコースを踏査し、その山域だけでなく、山の全体的なことに精通している著者にお願いして決めてもらっています。コースタイムや登山道の状況（難易度）を勘案して決めているのですよ。

釈——でも、山域によって著者は違いますよね？　ばらつきは出ないのでしょうか？

編集長——コースタイムは人によって歩くスピードが違いますし、登山道の難易

度も計算式で割り出せるものでありません。やはり、感覚による判断なので、著者によって多少の偏りがあることもあります。でも、それを編集者が平均化しています。一冊の本になるまでに何人もの人が関わり、チェック体制をつくって、信頼度の高いガイドブックとなるよう努力しています。

山岳エリア別に人気コースを網羅した「定番」ガイドブック『アルペンガイド』

都道府県ごとにそれぞれ約50コースを紹介した『分県登山ガイド』

Q 76

温かいランチを楽しむ簡単な方法は?

山でバーナーを使ったクッキングができることはわかるのですが、私にとってはちょっとハードルが高いです。もっと簡単に温かいものを食べられませんか?

編集長――バーナークッキングは楽しいし、それほど難しくないですよ。でも、たしかにバーナー&ガスのほかにクッカーや食器など、道具がいろいろ必要だし、使ったことがないと、山でやるのはたいへんかもしれませんね。お湯を使うだけなら、保温ポットでも十分です。

釈――でも一日持っていたら冷めてしまいませんか?

編集長――最近の保温ポットは性能がいいので保温力が高く、6時間後でも80℃程度の温度をキープできるものも出ています。ただ、高温を保つには大事なポイントがひとつあるんです。

900㎖の容量があればカップ麺とコーヒーをそれぞれ2人分、作ることができる

釈——なんでしょう？　教えてくだささい！

編集長——お湯をいきなりポットに注ぐのではなく、お湯を少し入れたら一度それを捨てて、ポットのなかを温めてから再びお湯を入れることです。せっかくの熱湯でもポット自体が冷たいとそこに熱を奪われて、湯温がいっきに下がってしまいます。それを防ぐためにひと手間かけるだけで、保温力が格段にアップします。これは意外に知らない人が多いようですね。80℃以上がキープできれば、カップ麺なども作れますよ。

釈——へえ、お湯を沸かすより簡単で、しかも早いですね。今度やってみます。

Q 77

登山道を譲るときのルールは？

狭い登山道ですれ違うときは、登りの人が優先なのですよね。これはどのようなときも守らなければならないのでしょうか？

編集長――基本的には登りが優先です。これは普通、下りよりも登る人のほうが苦しいので、ペースを乱さないようにという心遣いからです。あと、下りの人のほうが相手に早く気づき、避けやすいということもあります。ただ、このように言うと、それを頑なに守ろうとする人がいますが、あくまでも基本なので、その場の状況に応じて臨機応変に対応すればいいと思います。

釈――そうですよね。父は歩くペースがゆっくりで、登りで休みたいときに道を譲られることがありました。相手は善意で道を譲ってくれているのですが、お先にどうぞと言われるとつい無理して急いで歩いてしまうので、つらそうでした。

編集長――ただ譲るのではなく、相手のことをいたわる気持ちがあれば、自然に対

相手に道を譲るときは、なるべく山側で待つようにしよう

応できると思います。気をつけてもらいたいのが、片側が切れ落ちている場所でのすれ違いです。谷側に避けて待っていると、なにかの拍子に相手の荷物がぶつかるなどした場合、谷にはじき出されてしまうことがあるので注意が必要。こういった場所で道を譲るときは、山側に避けて相手が通過するのを待ちましょう。

釈——山側に避ける、覚えておきます。狭いところでは自動車のすれ違いと同じように先を見越して、広い場所で待つようにするといいですね。

編集長——すれ違い時の転落事故も多く起きていますので、気をつけましょうね。

Q 78 便利なウェブサービスやアプリを教えて

スマートフォンが普及して、便利なアプリもたくさん開発されていますよね。登山に役立つおすすめのウェブサービスやアプリはありますか？

編集長——数が多すぎて紹介しきれませんが、駆け足で説明しますね。まずは登山計画を立てるときに便利な「ヤマタイム」。コースタイム入りの地図が自由に閲覧できて、自分の歩きたいルートをクリックしていくだけで自動的にコースタイムが計算され、そのまま行程表と登山計画書ができてしまうスグレモノのサービスです。

釈——そんなに便利なウェブサービスがあるんですね。すぐにチェックしてみます。

編集長——地図アプリもぜひスマートフォンに入れておきましょう。「ヤマレコ」や「ＹＡＭＡＰ」「ジオグラフィカ」などの地図アプリはＧＰＳの機能を使って地図上に自分の位置が示され、歩いてきた軌跡も表示されてとても便利です。

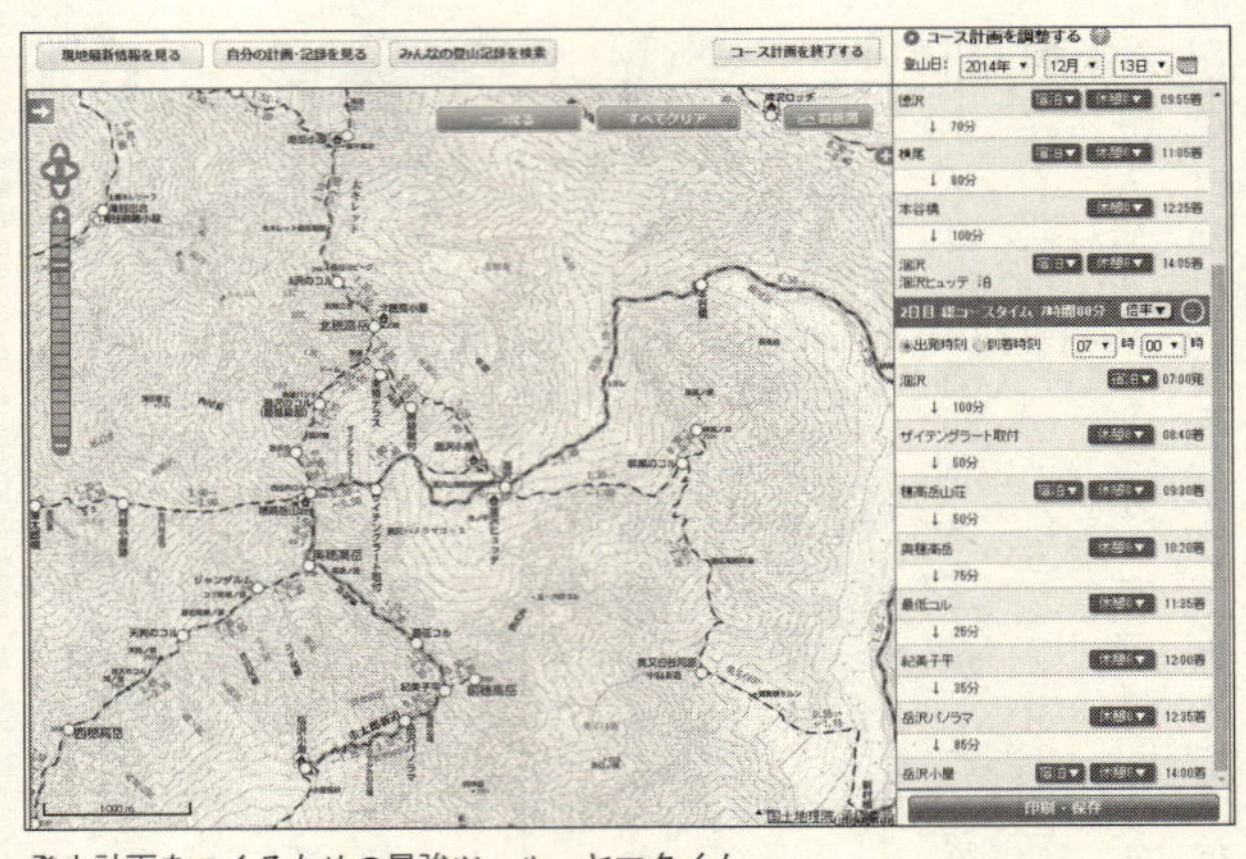

登山計画をつくるための最強ツール、ヤマタイム

釈――もはや必携のアプリですよね。編集長と登った火打山でも、霧で方向がわからなくなったときに地図アプリでルートを探し当てていましたもんね。

編集長――ずっと紙の地図を使ってきた者にとっては、これはもうカンニングに思えてしまうくらいの画期的で便利なツールです。圏外でもGPS機能が使える点がいいですよね。また、「スーパー地形」も便利なアプリです。360度パノラマ展望図が描ける機能が秀逸で、山座同定にはこれが最強といえるでしょう。

釈――アプリによっては他人の記録を見ることができて参考になる点もいいですよね。

編集長――天候判断に有効なウェブサービスやアプリもあるので入れておくと便利です。単なる天気予報だけでなく、時間単位で雲の動きや風の向きの変化が見られるものがいいですね。私は6～7つの天気アプリを使い分けています。

釈――いろいろありますね。でも、アプリに頼りすぎるのはよくないですよね？

編集長――そのとおりです。もし、スマートフォンが壊れてしまったり、電源が切れてしまったりしたら何もできなくなります。紙の地図とコンパスは必ず携行すべきですし、天候判断も自分でできるようにしておきましょう。

釈――そういえば編集長に教えてもらった「ヤマスタ」も続けています。

編集長――頂上に登るとデジタルスタンプがもらえるアプリですよね。スタンプの下には登頂日時が記録されて記念になるので、すべての登山者におススメします。

荻原編集長のヤマスタ・コレクションより

北海道のトムラウシ山

沖縄で唯一の嘉津宇岳（かつう）

福井県の百名山、荒島岳

釈さんと一緒にゲットした金峰山

Q 79

山に行くとき、何から情報を得ればいいですか？

山へ行く前にそのコースの難易度やコースタイムなどを調べますよね？　このとき、何を見て情報を得るのが確実でしょうか？

編集長――基本はガイドブックです。ガイドブックはコースタイム、コースの状況、危険箇所、水場の有無のほかに、注意事項や登山口までの交通機関などがわかりやすく書かれています。まずは、行きたい山が載っている一冊を用意して、コースをよく把握しましょう。

釈――ガイドブックはコースタイムの入った地図が載っていて、ガイドの文章と見比べながらコースを追うことができて便利ですよね。

編集長――そうですね。ガイド文を読みながら、途中にどんな急な坂があるかとか、休憩場所はここがいいとか、注意する分岐点、見える景色などをあらかじめ知っておくことが重要ですよ。これらの情報は、インターネットでも調べることができますが、まずは山のプロが書いた、信頼できる情報をもとにしてもらいたいです。

釈――インターネットに発表された個人の記録で、「岩場はたいしたことなかった」とか「3時間で登れた。楽勝!」などと書かれていても、その人の技術や体力のレベルがわからないですものね。

編集長――インターネットの書き込みの傾向として、この岩場は簡単だったとか、自分はこんなに早く登れるんだとか、技術・体力自慢をしたがる人もいるようなので、そのような情報は参考程度にとどめ、鵜呑みにしないほうがいいと思います。

釈――わかりました。ただ、リアルタイムで情報が得られるという利点はありますよね?

編集長――それはあります。本は一度書店に並ぶと、書き換えることが難しく、どうしても情報が古くなってしまいます。大雨後、道が崩れて通行不能になっていないかなどを確認する場合は、地元自治体のホームページを見たり、電話で確認するといいでしょう。また、ブログやSNSなどの情報は、今どんな花が咲いているかとか、紅葉がどのくらい進んでいるかとか、冬なら積雪がどのくらいあるかなど、リアルタイムの情報を得るのに役立つので参考にするといいでしょう。

Q 80

膝が痛くなるのを防ぐには？

Shaku's Question

富士登山のとき、下りで膝が痛くなってとっても大変な思いをしました。最近はそれほど痛まないのですが、爆弾を抱えているようで怖いです。膝痛を防ぐにはどうしたらいいですか？

編集長——斜面を登り下りする登山は、基本的に膝を酷使します。長時間にわたり、自分の体重プラス、ザックの重さを受け止める膝の負担は大きいです。登山者にとって、膝の痛みとのつきあいは宿命みたいなものですね。膝痛を防ぐ第一歩は、膝にやさしい歩き方を覚えることです。歩幅を小さく、とくに膝への衝撃が大きい下りでは乱暴に足を運ばない。極端に膝を曲げることのないよう、ときには横向きになって小さなステップを探しながら下りることも膝を守るポイントです。

釈——なるほど。実践してみます。あと、ストックを使うのも有効だと聞きます。

編集長——そのとおり。ストック（トレッキングポール）を使って脚にかかる負担

ストックの使用で膝の負担はかなり軽減できる

を腕に分散させると、脚の疲労をかなり軽減できます。

釈――そうですよね。わかっていたのですが、この前、焼岳に行ったとき油断して使わなかったんです。そうしたら、やっぱり最後のほうで脚がつらくなってしまいました。ストックがないとけっこう違うものなのですね。あと、靴が合わないと膝が痛くなることもありますか？

編集長――大いにあります。靴が合わず、靴擦れができたりすると、それをかばいながら歩くことになります。そうすると、歩き方のバランスが崩れて、膝が痛くなるということもありますよ。自分に合った用具を選ぶことも重要ですね。

Q 81

歩くときに腕組みするのはなぜ？

ガイドさんの歩き方を見ていると、腕組みをしている人が多いですね。ベテランほど腕を組んで歩くような気がするのですが、どうしてですか？

編集長――おお－、これはおもしろいところに気づかれましたね。言われてみれば、私もストックを使わないときは、よく腕組みをして歩いています。あと、腰に手を当てたりね。腕組みをすると、重心を体の中心に集められるという効果があるように思います。手をぶらぶらさせるより、体の軸がブレなくて歩きやすいのです。

釈――山に慣れている人は歩く姿を見るだけでベテランだってひと目でわかります。

編集長――あとはザックのショルダーストラップ（ザックの肩にかかる部分）の胸のあたりに手をかける人もいます。腕は成人男性で3～4kg（片腕で）もあるそうです。それをぶら下げているよりは、腕組みをして、体の中心に乗せたほうがラク

腕を組んで歩いてみました。少しはベテランに見える？

なのでしょうね。たぶん、みんな経験的にそれを知っていて、無意識にやっているのでしょう。私も質問されて、今、気づきました（笑）。

釈――へえ、無意識なんですね。レベルアップの証かと思っていました（笑）。階段状の登りが続いてキツいときに腰に手を当ててみたのです。すると、腹筋、体幹の筋肉を使うことを意識できて、足が軽く上がる感じがしました。

編集長――釈さんは古武道をやっていますよね。その動きで山登りに活かせることはありますか？

釈――古武道では腰を落とし、重心を下げて移動するのが基本姿勢なのですが、とくに下りなどでそれを意識しています。そうすると急坂でも滑りづらくなると思います。

Q 82 岩登りでロープは誰が最初にかけるの？

ロープを使った岩登りの場合、最初に上からロープを下ろすのは誰なのでしょう？　前から気になっていて……

編集長――釈さん、もしかしてクライマーはみんな上から垂らされたロープに頼って登っているものだと思っていました？

釈――**はい。だって落ちて下手をすれば死んでしまうでしょ？　危険すぎます。**

編集長――初心者のトレーニングなどで、ルートの終了点にロープを折り返してかけて上から確保するという「トップロープ」という登り方もありますが、通常は「リード」といって上からの確保なしに下から登ります。じゃあ、どうやって落ちたときに止めるのかというと、クライマーは登りながら壁に設置された支点（プロテクション）にカラビナをかけて、そこにロープを通して登って行きます。もし途中で落ちたとしても、ビレイヤーがビレイ器具を使ってロープを固定すれば、支点でロープが折り返されるかたちでクライマーは止まるわけです。

釈――その支点というのは最初から壁に付けられているものなのでしょうか？　そしてそれが抜けることはないのでしょうか？

編集長――そのルートを開拓した人が岩に穴を空けてボルトを埋め込んで設置してあるので、そう簡単に抜けることはありません。このようにしっかりしたボルトでルート中の支点がとれるルートはスポート・ルートと呼ばれています。これに対して登りながら岩の割れ目（クラック）、または溝や穴などに、クサビになるような支点を設置して登るルートをトラッド・ルートと呼びます。クラック中心のルートはこのように自分で支点を作りながら登るスタイルが基本です。

釈――自ら支点を作りながら登るなんて、私だったら怖くてできそうにありません。

編集長――慣れるまでは怖いかもしれませんが、岩を傷つけずにクリーンに登ることができるので理想のスタイルともいえますね。ちなみにフリークライミング発祥の地と呼ばれている旧東ドイツのエルベ川砂岩地帯では、岩が削れてしまうのを防ぐために金属製のプロテクションの使用が禁止されています。で、どうするかというとロープの切れ端を用意して結び目を作り、岩の隙間に差し込んで中間支点として使っているんです。私もやってみましたが、さすがにこれは怖かったです。

釈――私はやっぱり上から垂らされたロープに頼って登りたいです。リードは無理。

もしスリップしても中間支点を折り返す形でクライマーは止まり、下まで落ちることはない

クライマーは中間支点のカラビナにロープを通しながら登って行く

ロープの太さや結び方でプロテクション（くさびとして使用）のサイズを調整する

エルベ川砂岩地帯ではロープの結び目を岩の割れ目にはさんでプロテクションとしている

Q 83 山登りに有効なトレーニングはなに？

私は、登りはそれほど苦労せずに歩けるのですが、下りが苦手です。下りが強くなるトレーニングはありますか？　膝が痛くなるのも、トレーニングをすれば防げますか？

編集長――下りで膝が痛くなる原因はいくつか考えられますが、いちばん大きいのが膝回りの筋力が弱いことです。それを鍛えるには、スクワットなどをするのがいいでしょう。でも、私のおすすめは、とにかく山を歩くこと。ジムなどでストイックに筋力トレーニングするのもいいですが、低くても短いコースでもいいから、実際に山へ足を運んだほうが実践的に鍛えられると思います。

釈――そうですね、私も家で筋トレをするのなら、少しでも時間をつくって山へ行ったほうが楽しいですし、よさそうな気がします。ジョギングはどうですか？

編集長――ジョギングと山登りでは使う筋肉が違うのです。基礎体力や心肺を鍛えるのならジョギングは効果的ですが、下りのためのトレーニングにはダイレクトにつながらないと思いますよ。

釈——なるほど、山で強くなるには山で鍛えろ！　ですね（笑）。

編集長——それがいちばん効率がいいと思います。山道は木の根があったり、石が転がっていたりと、日常生活にはない場面が出てきます。そういうところを安定して歩けるようになるには、やっぱり実際に歩いて経験を重ねることが大事です。

釈——私が山を歩いていて思ったのは、不安定な場所を歩くときにすごく頭を使うということです。とくに浮き石があるようなところを下ったりするときに、そこに足を踏み入れていいかなっていうのを、目で見て、瞬時に頭で判断してということを繰り返していると思います。だから、山を繰り返し歩くことによって、瞬発力も鍛えられるのではないかと。

編集長——山を歩くことに加えて、ふだんはひと駅前で降りて歩くとか、エスカレーターを使わないとか、何気なく続けられるトレーニングをするといいですね。

釈——私も電車に乗ったときは、つり革につかまらずに立つなど、バランス感覚を保つためにトレーニングしていることもあります。これからもがんばります。

Q 84 一日の登山で必要なエネルギー量は？

山ではエネルギー切れが心配で、つい食べすぎてしまいます。実際に補給すべきエネルギー量の目安を教えてください。

編集長——登山の生理学を研究している山本正嘉先生によると、消費カロリーの目安は「体重（kg）×行動時間（h）×5（kcal）」なのだそうです。たとえば、体重50kgの人が5時間歩いたときの消費カロリーはだいたい1250kcalになります。

釈——**かなりのエネルギーを消費しているのですね。**

編集長——行動中はその消費カロリーの7〜8割を補給するといいといわれています。ですから950kcal、おにぎり1個が180kcal（具材なしのシンプルなおにぎりの場合）ぐらいなので、5個は食べたほうがいいということになります。

釈——**そんなに必要！　おにぎり3つぐらいかと思っていましたが、全然足りないんですね。それだけ山での運動量は大きいってことなんだ。納得です。**

Q 85 山では何分おきに休憩をとればいいの？

山で休みすぎるとなかなか山頂に着かないし、動きつづけていたら疲れきってしまいますよね。どのくらいのタイミングで休憩をとるのがいいのでしょう？

編集長——50分ぐらい歩いたら5〜10分休む、というのを目安にするといいと思います。でも、その時間がきたときに、休めるようなポイントがあるとはかぎらないので、それほど時間にこだわらず、だいたい1時間前後歩いたときに休憩するポイントがあったら休むとよいです。上高地から涸沢へいく行程を思い浮かべるといいかもしれませんね。上高地を出発したあと、明神、徳沢、横尾、本谷橋、Sガレと、涸沢までの間にだいたい1時間おきぐらいで休憩ポイントがあります。山へ行く前にガイドブックや地図を見て、休む場所の見当をつけておくとよいでしょう。

釈——大勢でいくと、休むタイミングが難しいです。私はペースを守るためにあま

休憩のたびに、こまめに水分補給するようにしよう

り休まずに歩きたいほうなのですが、こまめに休まないと歩けないという人もいます。

編集長――基本的にはグループの中の弱い人に合わせるといいですね。そうしないと、どんどんその人が疲労して、グループとしての行動ができなくなるからです。休憩はただ休むというだけでなく、エネルギーや水分の補給をする時間でもありますから、なるべく定期的にとり、補給もこまめにするとバテにくいです。

釈――わかりました。休憩は長いと体が冷えるので休みすぎないほうがいいですか。

編集長――そうですね。体が冷えると動きはじめがつらいので、冷えないうちに歩きはじめることです。10分以上休むと冷えてしまうので、小休憩の場合はそれ以内にするといいですよ。体を冷やさないために、休憩中はなにか着込みましょう。

Q 86

疲れをとるためにやるとよいことは？

山へ行った次の日に仕事がある場合、少しでも疲れを回復させたいのですが、何かできることはありますか？

編集長――下山後、軽くストレッチをしておきましょう。山から下りて急に動きを止めてしまうと、血流も急にゆっくりになって、疲労物質が筋組織の中に溜まったままになります。するとより激しい筋肉痛になってしまいます。ストレッチで筋肉をほぐしておくと、翌日、体の軽さも違います。このとき、グイグイと勢いをつけて体を伸ばすのではなく、ジワジワゆっくり伸ばすのがコツです。

釈――翌日の筋肉痛がひどいことがあるので、次に山に行ったときは実践してみます。お風呂に入って、マッサージするのもいいですか？

編集長――とくに炎症を起こしているところがなければ、お風呂でゆっくり暖まりながら、筋肉をほぐすのもいいでしょう。翌日の回復具合が相当違ってきますよ。

Q 87 携帯電話のバッテリーがすぐに切れます

登山中に、いつの間にかスマートフォンのバッテリーが切れてしまったことがあります。気をつけないといけないですね。

編集長——圏外で電源を入れたままにしておくと電波を探しつづけてしまい、電池の消耗が激しいので、使わないときはこまめに切るようにしましょう。あるいは機内モードにしておくことです。

釈——携帯は、もし事故に遭ったときに救助を呼ぶための命綱のようなものですから、バッテリーは温存しておかないといけませんね。

編集長——予備のバッテリーを持つことも大切です。また、緊急時にすぐ連絡できるように、警察署や山小屋の連絡先をあらかじめアドレス帳に登録しておきましょう。いざというときにあわてて調べたり、番号を打ち込む時間を節約できます。

Q 88

雨の日に傘を差すのはダメですか？

以前、雨の日に傘を差して歩いていたら、危ないと注意されてしまいました。山では平らなところでも、傘はダメなのですか？

編集長——山で傘を使うのは危険だからダメ、という指導者もいますが、私は林道など安全な場所で、風が弱いときには積極的に使ったほうがいいと思います。どんなに優れたレインウェアでも、蒸し暑い季節はフードをかぶると蒸れますし、雨粒が直接頭部に当たると、それだけでも疲労の原因になるからです。

釈——なるほど。フードをかぶる、かぶらないだけで、だいぶ暑さが違いますものね。でも、使う場所は考えたほうがいいですよね。何度も話に出てきていますが、上高地から横尾など、なだらかな道は大丈夫でしょうか？

編集長——そこは折りたたみ傘があったほうが絶対に快適ですよ。あとは新穂高温泉から白出沢(しらだし)出合とか、八ヶ岳なら美濃戸口から美濃戸とか……。登山道がなだらかで危険がないということに加えて、道幅の広いところなど適所で使うようにしたいものです。狭い登山道で傘を差すと、すれ違う人に迷惑をかけてしまいますから。傘は休憩のときにも便利ですし、ツェルトをかぶったときに中で差すとスペースを確保することができます。便利な道具なので、折りたたみの軽いものを1本持っていくと有効ですね。

雨の日、ある程度の道幅があり、転倒などの心配のない場所では傘を使ったほうが快適。安全面や、すれ違いの際の相手への迷惑も考えて、使うか使わないかは各自の判断で

Q 89

サプリメントって本当に効くの？

登山中や登山後にアミノ酸サプリを飲むと、だいぶ体が楽な気がします。やっぱり効くのですね？

編集長——そうですね。アミノ酸サプリについては、私も効果を実感しています。

釈——この前、友だちにもすすめたのですが、やはり飲んだら翌日は体が軽い気がするって言っていました。友だちはふだん薬のようなものが好きではないので飲まないのです。でも、アミノ酸は効き目を感じたようですよ。クエン酸のサプリも下山後に飲んでおくと、翌日の疲れが軽減されるような気がします。

編集長——ヒマラヤの山に登ったときもたくさん持っていきましたよ。高山病で食欲がないときにアミノ酸入りのゼリーにはだいぶ助けられました。

釈——ゼリーなら食欲のないときでも喉を通りそうですものね。

編集長——2000年ごろ、サポートタイツやストック、そしてサプリメントがはやり始めたのですが、そのとき私が雑誌『山と溪谷』の編集長をやっていて、この3つのSこそがバテないための「新・三種の神器」ですと紹介したことがあるんです。当時、アミノ酸サプリは一般向けの商品が出始めたばかりで、メーカーの提供を受けていろいろ試してみましたが、経験上、このあたりで絶対に疲れが出るはず、というポイントで、いつもなら感じるはずの疲れが出てこなくて効果に驚いた記憶があります。プラシーボ効果（薬を飲んだから効いていると思い込むこと）を差し引いても、間違いなく効果はありました。

釈――疲れを残さないためにも、サプリをうまく取り入れてみるといいのですね。

ヒマラヤの高所でアミノ酸入りゼリーを補給中。一般的にはスティック状の顆粒タイプを登山前、登山中、下山後に服用することが推奨されているが、ここ一番の登りが待っている日の朝に勝負サプリとして使ったり、疲労を翌日に持ち越さないために夜に服用するといった使い方も

Q 90

山小屋があるのにどうしてテント泊？

私はテント泊というのは、ちょっと勇気がいります。テント泊の魅力とはなんですか？

編集長――テント泊の魅力はいろいろあると思います。まず、ひとつは経済的なこと。山小屋に宿泊すると、１泊２食で１万数千円かかりますが、テントは一度道具をそろえてしまえば、１泊１０００～２０００円程度で泊まれます。そのためにはテント一式のほかに炊事用具やシュラフ、マットなどが必要ですが、最近の装備は軽量・コンパクトになっているので、女性でもちょっとがんばれば持てますよ。２つ目は「山で生活している」実感が持てることです。食と住を自分たちで用意し、炊事や住居づくりを自分たちでまかなう楽しみは格別です。布一枚のマイホームですが、慣れれば快適。山小屋が混むのを嫌って、テント泊にする人もいますね。

釈――**自分だけの空間を持てるのが若い人たちには魅力なのかもしれませんね。テ**

雄大な景色を自分の家の庭のように楽しめるテント生活。この開放感もテント山行の魅力のひとつだ。大峰山、弥山のキャンプ指定地にて

ントを初めて体験するならば、やはり夏がいいのでしょうか？

編集長――そうですね。過ごしやすい夏にするといいと思います。あと、はじめはテント泊に慣れている人といっしょに行って、張る場所や張り方などをよく教わるといいでしょう。また、山小屋のすぐ近くにテントサイトがあるところを選ぶといいですよ。急に天候が荒れたときなど、すぐに山小屋に避難できますから。テントの場合は、水をどうするか、食料をどうするかなど、すべて自分で考えなければならないので、山小屋泊とは負担がまったく違うといえます。もちろん荷物も重くなります。でも夕食、就寝、朝

食時間などはすべて自由だし、生活道具一式、すべて自分で背負って歩くというのは、山登りの醍醐味でもあるんですよ。

釈——私もいつかはテント泊で北アルプスを縦走したいなと思っています。

槍ヶ岳山荘のキャンプ指定地では、居ながらにしてご来光を見ることができる

好きな時間に大展望をほしいままにできるのもテント泊の魅力だ。ただし荒天時の苦労も覚悟しておいたほうがいい。この日は快晴となったが、前夜は猛烈な雷雨に見舞われて浸水もあり、大変だった

Q 91 山小屋にゴミ箱がありません

何日も山を歩くと、山小屋で作ってもらったお弁当の空き箱とか、行動食の袋とか、どんどんゴミがたまってしまいます。山小屋で捨てられると思ったのですが、ゴミ箱がない小屋もあるんですね。

編集長――その山小屋で買ったジュースの空き缶とか、ペットボトルなどのゴミは引き取ってもらえますが、そのほかのゴミは、基本的に家まで持ち帰るのがマナーです。山小屋は、出たゴミをヘリコプターやボッカ（人力）で下ろしています。だから、ゴミが増えると大変なのです。各自で持ち帰るようにしたいですね。

釈――ゴミは山小屋で焼却するなど、その場で処分してもらえると思っていました。わざわざ下ろすのでは大変ですね。自分のゴミをボッカさんが背負って下ろしていると思うと、切ないです。私も山の環境を守るため、ゴミの持ち帰りに積極的に協力したいと思います！

Q 92

避難小屋は誰でも使っていいの？

登山地図を見ると避難小屋のマークがあるのですが、この避難小屋というのがよくわかりません。どのような人が使う施設ですか？

編集長——避難小屋といっても、じつはいろいろなタイプの避難小屋があるのです。まず、緊急時しか使えない、本当の意味での避難小屋があります。急に天候が荒れて行動不能になってしまったり、予定より行動が遅れて日が暮れてしまった場合など、緊急時のために開放されています。次に無人小屋ですが、緊急時でなくても自分で食料、寝具を持ってきて泊まってもよい施設。これは東北や北海道に多いです。あとは、基本は無人小屋でありながら、シーズン中は管理人が入って数千円程度の宿泊料金が必要な施設もあります。これは飯豊連峰や朝日連峰などにあります。

釈——では、避難小屋に泊まるときは、使えるかどうか、事前によく調べておかないといけないですね。予約はいらないですか？

那須連峰、峰の茶屋跡に立つ避難小屋。国内でも有数の強風地帯にあるため、風が強いときには心強い存在だ。ただし、あくまでも避難のための施設なので、はじめから宿泊を目的とするような利用は禁止されている

編集長――必要なところもあるので、これも調べましょう。ただ、東北や北海道の山小屋は、花や紅葉のシーズンなどに登山者が集中して大混雑することがあります。屋久島の無人小屋も混むことがあるようです。近くにテント場がなかったり、あってもテントの用意をしていなければそこに泊まるしかないので、登山者同士、少しでも快適に過ごせるようにゆずり合いたいものですね。使ったあとは自分たちで掃除して帰るのがマナーです。

釈――私も東北や北海道の山へ行くようになったら、きっとお世話になるんですね。

編集長――楽しみでしかたがないですね。

Q 93

登山届はどうして必要なの？

登山届が重要だということはわかるのですが、それがどのように活用されているのかよくわかりません。用紙に書いた情報は、どんなときに使われるのですか？

編集長――登山届（登山計画書）が役割を果たすのは、その登山者が行方不明になったときです。いつ、どこの山に、どのルートで、誰と行ったのか、まったく情報がないと救助隊も探すことができないですよね。そのようなとき、登山者の足取りをたどるのに使われるのが登山届です。

釈――もし、一人暮らしで、家族にも告げず単独で山に入ってしまったら、どこへ行ったかわからなくなってしまいますもんね。

編集長――登山届にはメンバーの連絡先のほか、行程や持っていく装備、エスケープルートなどを書く欄があります。そこに記入するときに、自分の計画をもう一度

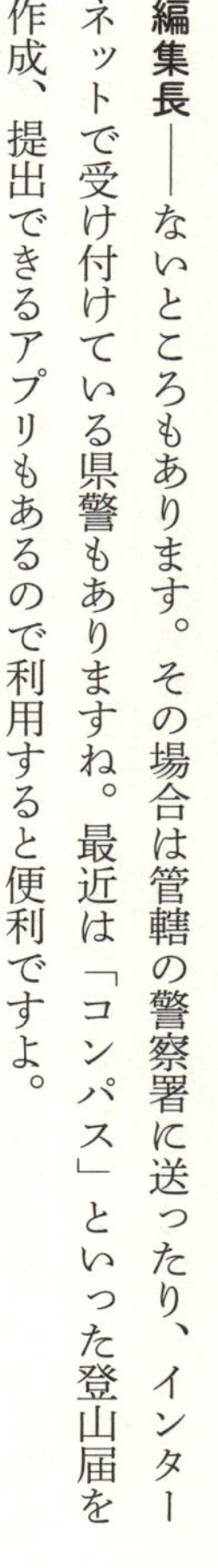

見直すことになるので、それが事故を未然に防ぐという効果もありますね。

釈――どの山の登山口にも、登山届を出すためのポストはあるのですか？

編集長――ないところもあります。その場合は管轄の警察署に送ったり、インターネットで受け付けている県警もありますね。最近は「コンパス」といった登山届を作成、提出できるアプリもあるので利用すると便利ですよ。

私もちゃんと登山届を出しました（上高地にて）

釈――無事に下山したという届も必要ですか？

編集長――紙の登山届の場合は基本的に不要です。警察がひとつひとつ確認する必要はありませんから。そもそも下山していないことに最初に気づくのは家族や会社の人でしょうから、身近な人に登山計画書を渡しておくことも重要なポイントですね。

Q 94

アンダーウェアはウールが多いのはなぜ？

登山用品店でウェアを見ていると、ソックスやアンダーシャツの素材はメリノウールが多いですよね。どうしてでしょう？

編集長——登山用ウェアで重要なのは、やはり直接、肌につけるアンダーウェアとソックスです。綿は濡れると乾きにくく、体を冷やすので、山には適さないということは知っていますよね。

釈——**はい。山には登山専用のウェアを買うようにと編集長から教わりましたから。**

編集長——そこで速乾性や保温性などを重視した化学繊維の登山専用アンダーウェアが開発されているのですが、自然素材のウールも見直されてきています。ウールの特性のひとつとして、水蒸気を吸着すると、繊維自体が発熱するので温かいということがあります。汗や雨で濡れても体を冷やすことが少ないので、肌に直接触れる手袋、ソックス、アンダーシャツなどに多く使われているんですよ。山用品に主に使われるメリノウールは、メリノ種という羊の毛から作られています。ニュージーランドの山岳地帯に生息する羊なんです。繊維が細いので、普通のウール製品よりチクチクしないという特徴もあります。

釈――ウールの手袋を2月の丹沢で使ったら、たしかに雪が着いて濡れても、冷たくなかったです。お店の方にすすめられて買ったのですが、特性を実感しました。

編集長――汗をかくと、背中が濡れて、休憩中などにブルッとすることがありますよね。メリノウール素材のシャツだと、ひんやりした感じが少なくて快適です。防寒の素材として、とても優秀なんですね。あと、ウールはにおいを吸着して分解してくれます。山では汗をかいてもすぐに着替えられないようなことも多いですよね。でも、ほかの素材に比べて汗臭くならないので安心です。

釈――そういえばソックスもウールですが、洗濯機で洗っても縮んだりしませんね。

編集長――そうですね、最近のソックスは縮みにくい加工がされているので、洗濯機で洗っても大丈夫です。あと、ウールというと夏は暑いイメージがありますが、繊維が呼吸し、余分な水分を逃がすので、さらりとした着心地で夏も意外に快適です。夏でも薄手のウールのTシャツを一枚持っていると便利ですよ。

Q 95

荷物を濡らさない工夫を教えてください

びしょ濡れになるほどの雨に降られたことはまだありませんが、パッキングのときにこれで濡れないだろうかといつも悩みます。荷物を絶対に濡らさないようにするにはどうしたらいいですか？

編集長――私はザックの中に大きな防水袋を入れ、雨が中に浸透しないようにしています。さらに着替え、防寒着など、濡らしてはいけないものはやはり防水のスタッフバッグに入れていますよ。

釈――何重にも防水の工夫をしているのですね。ザックカバーだけでは側面や背中側から浸透して、中身が濡れてしまいますものね。ところで、スタッフバッグってなんですか？　レジ袋やエコバッグのようなものでは代用できませんか？

編集長――スタッフバッグはナイロンで作られた袋状の小物入れです。レジ袋はなるべく避けたほうがいいかもしれませんね。穴が空きやすいですし、カサカサと音が気になるんです。山小屋で出したりしまったりするときに、レジ袋の音が気になることがありますよね。以前、調べたことがあるのですが、そうしたら74デシベルでした。これは駅の改札口のガヤガヤと同じぐらいの騒音なんですよ。

釈――え～？　そんなにうるさいのですか？　山小屋のなかでそんな音を出したら周りの迷惑になりますね。とりあえずレジ袋を使うのはやめます（笑）。

編集長――最近のスタッフバッグには、「シルナイロン」に代表されるような薄くて丈夫、しかも高い防水性のある生地で作られているものがあります。口の形状により完全防水だったり、中の空気を抜いて圧縮できるタイプのものもあるんですよ。登山用品店に行くと、さまざまなタイプのスタッフバッグがあるので、ぜひ見てみてください。

釈――はい、探してみます。スマホもそれに入れるといいのでしょうか？

編集長――スマホはもっと簡単な方法があります。「ジップロック」に代表される、チャックのついた食品用保存袋に入れると便利です。ビニールで完全防水ですし、いいのは、ビニールの上からタッチパネルを操作できるんです。

釈――それは知りませんでした。さっそくやってみます。

Q 96 山小屋ではお風呂に入れないのですよね？

今まで富士山、八ヶ岳、北アルプス穂高周辺の山小屋に泊まりましたが、どこもお風呂はなかったです。やっぱりお風呂がある山小屋というのはないのでしょうか？

編集長——基本的に山小屋にはお風呂はありません。山では水が貴重ですし、環境に影響を与えないように排水を処理するのも難しいですから。でも、まったくないわけでもないですよ。たとえば上高地から奥に行ったところにある横尾山荘や槍沢ロッヂにはお風呂がありますし、剱岳の麓、剱沢小屋や剣山荘にはシャワーが、仙人池ヒュッテにもお風呂があります。

釈——**お風呂を用意してくれている山小屋もけっこうあるのですね。**

編集長——ほかに、立山室堂周辺の山小屋や九重山(くじゅう)の法華院(ほっけいん)温泉、八ヶ岳の本沢温泉、赤岳鉱泉、北アルプスの白馬鑓(はくばやり)温泉、蓮華温泉、安達太良山のくろがね小屋、那須の三斗小屋温泉など、温泉のある山小屋もあります。

釈――あ、それは「Q30いちばん標高の高い温泉」でも教えていただきましたね。でも、お風呂にしても温泉にしても、山のなかで汗を流せたら疲れもとれて気持ちがいいでしょうね。ところで、お風呂がない小屋で働いている人たちは、ずっとお風呂に入れないのですか？

編集長――さすがにそれはないです。従業員用のお風呂はあり、入ってるようですよ。山小屋従業員はお客さんの食事を作ったりもするので、お風呂に入れなかったら、衛生上よくないですからね。

釈――そうですね。登山者はお風呂に入れないときの対策として、汗ふきシートを持っていったり、女性は洗顔もできないので、メイク落としシートなどを持っていくといいですよね。

山で入る温泉は、まさに極楽。蓮華温泉にて

Q 97

夏山の防寒着、どのくらい必要？

夏山でも防寒着が必要だということはわかるのですが、暑いときに準備すると寒さが想像できなくて、どうしても装備が甘くなりがちです。どの程度の装備を用意すればいいですか？

編集長——そうですよね。山は寒いということが漠然とわかっていても、準備のときは「まさか、ダウンは必要ないだろう」とか「フリース素材の手袋は暑すぎるだろう」などと考えてしまいがちです。

釈——汗をかきながらザックに荷物を詰めていると、ダウンとかフリースは見るだけでも暑いです（笑）。そんななか、山で寒さに震えることが想像できなくて。

編集長——それならば、高山では夏でも「東京の冬並みの気温」と想像したら？

釈——そんなに寒いのですか？

編集長——はい。気温は、標高が１００ｍ高くなると約０・６℃下がると言われています。標高3000mだと、単純計算で18℃下がります。たとえば、東京で30℃のとき、山頂では12℃。夏に南アルプスの北岳、北アルプスの穂高岳、槍ヶ岳、立山、また乗鞍岳などの山に登るなら、東京の初冬（11月ごろ）の気候を想像しましょう。そして朝晩はもっと冷えることもあるので注意が必要です。

釈——そういえば、白山（2702m）に登ったとき、ご来光を見たくて日の出前から山頂で待っていたのですが、夏でも本当に寒かったです。フリースも、ダウンジャケットも、風除けにレインウェアも、持っているものは全部身につけたのですが、それでも寒くて震えました。

編集長——日の出前は1日でいちばん気温が低い時間帯ですからね。もっと標高の高い富士山（3776m）では、東京で23℃のとき、5℃です。これは、東京の真冬の平均気温と同程度。朝方は氷点下になることもめずらしくありません。ダウンジャケット、帽子、手袋など、十分な防寒具が必要になります。初詣のとき、どんな服装だったかを思い出してみるといいでしょう。

釈——真夏でも低体温症による死亡事故も起きていますものね。夏山でも油断しないようにします。

Q 98

暗いときに登るのはダメですか？

山では日没後に歩いてはいけないといわれますが、暗いときに歩いてはいけないのですか？　ヘッドランプをつければ、暗くても歩けるのでは？

編集長——暗いなか、ヘッドランプの明かりだけで歩いた経験があればわかると思うのですが、山の中では、ヘッドランプを灯しても昼間のようには行動できません。真っ暗ななか、光を当てたところしか見えず、視野が極端に狭くなりますし、明暗差で段差や崖など危険箇所も確認しづらくなります。転倒や滑落、道迷いなどの危険性が増すので、基本的に暗いなかを歩くのはやめましょう。

釈——わかりました。真っ暗ななかを歩くなんて、想像しただけで怖いです。山の中で夕暮れを迎えないよう、時間に余裕をもって計画することが大事ですね。

編集長——15時、遅くても16時にはその日の行動を終わらせるようにしてください。

ただ、登山の場合、ご来光を山頂で拝むときや、その日の行程が長いときなど、早朝、暗いうちから歩きはじめることはよくあります。真夏は4時に歩きだしたとしても、4時半ごろには明るくなり始めるので、暗い時間帯は短く、夜に歩くことに比べて影響は少ないと思われますが、この場合も、暗いことによる危険性があるということは認識しておきましょう。また、クマが活発に行動するのは日の出や日没の時間帯であることも知っておいてください。薄暗いときに歩くなら、いつも以上にクマとの遭遇に注意が必要です。

釈――夜、動物を観察するツアーの募集広告を見たことがあります。それは問題ないですか？

編集長――たとえば高尾山のムササビ観察会や、富士見台高原の星空を見るナイトツアーなど、最近は夜ならではのツアーも企画されています。その土地に詳しいガイドが同行し、安全に十分な注意を払ったうえで催行されているのであれば問題ないでしょう。ただ、初心者がマネをしてむやみに暗いときに歩くのは危険です。

釈――わかりました。特殊な場合を除いて、暗い時間帯に歩くのはNGということですね。私も15時以降に歩くことがないよう、余裕ある計画を心がけます。

Q 99

山小屋の電気はどこから来ているの？

山の奥深くや稜線にある山小屋は、電力会社から電気の供給を受けられませんよね。電気はどうやって得ているのですか？

編集長――麓から何キロも電線を引いてくることはできませんので、山小屋はほとんどのところが自家発電です。大きな山小屋は何台も発電機を持っていて、それで発電し、小屋内の電力をまかなっています。山小屋に泊まったときに聞こえるエンジン音は発電機の音なんですよ。ちなみに燃料は軽油で、ドラム缶をヘリコプターによって荷揚げしています。

釈――そうだったのですね。山小屋は20時、21時ごろになると消灯がありますが、それも自家発電と関係があるのですか？

編集長――電力の消費が少ない夜間は、省エネ・コスト削減のために発電機を止めているので、電気が消えます。でも、廊下やトイレなど必要最低限の場所は、昼間にためた電気で常夜灯がつくところが多いです。山小屋によっては冷凍食品を保存するためのストッカー（冷凍庫）があって、照明以外にも電力が必要です。

釈――山小屋も省エネを心がけているのですね。

編集長――なるべく自然に負担をかけないように、エコ意識の高い小屋が多いですよ。最近は発電機に頼らず、風力や太陽光エネルギーで発電しているところも増えてきました。穂高岳山荘は、まだ「エコ」という言葉が一般的になるより前、30年以上も昔から自然エネルギーの活用に取り組んでいました。いまでは必要電力の3分の1を自然エネルギーで作り出しているそうです。ほかにも、発電機から出る熱を乾燥室に回して有効利用している山小屋もあります。

釈――なるほど。電気は作り出せますが、電話はどうしているのでしょう。電話線は引けませんし、携帯電話が通じないところもまだ多いですよね。

編集長――携帯電話の通じにくい山小屋では衛星電話の公衆電話が置かれていることがあります。1分200円ぐらいでかけられますよ。自分の声と相手の声に時差があって、話しづらいのですが、携帯電話が使えないところでは、貴重な連絡手段となっています。

Q 100 山でトイレに行きたくなったら？

山によってはトイレが少ないこともありますよね。そのようなところでトイレに行きたくなったら、どうすればいいですか？　トイレ問題、女子にとっては深刻です。

編集長——そうですね。トイレがない山はけっこうたくさんあるのが現状。那須岳も登山口にしかありませんし、北アルプスの稜線も山小屋以外にはありません。排泄物を環境にダメージを与えずに処理することが難しく、維持管理の点からトイレを新設することが困難なのです。トイレがない場所でどうしてもしたくなった場合は、樹林帯や、岩陰など目隠しになる場所で済ませるしかありません。そして、携帯トイレを持っていって、環境を汚さないようにすべて持ち帰るのが理想です。実行するのは難しい場合も多いですが……。

釈——樹林帯はまだいいですが、隠れるところがない場合は本当に困ります。

編集長——どこに山小屋やトイレがあるか、あらかじめ確認しておきましょう。そのときは行きたくないと思っても、トイレのある場所で早めに済ませておくこと。トイレが近くなるからといって水分摂取を控えるのは、熱中症や高山病の原因となるのでダメですよ。携帯トイレを持っていないときは、水を汚染しないように、なるべく沢の近くは避けましょう。そして、穴を掘って、排泄物は土に埋めるようにします。その場合でも、トイレットペーパーは必ず持ち帰るようにしてください。

釈——携帯トイレはどこで買えるのですか?

編集長——登山用品店で売っています。早池峰(はやちね)山、羅臼(らうす)岳、利尻山などでは携帯トイレの利用が進んでいて、登山口や山麓の施設で購入することもできます。そこでは、山中に携帯トイレ用のブースがあって、使用後のゴミは、入・下山口などにある回収ボックスに入れます。

釈——回収システムがしっかりしていると、携帯トイレも使いやすいかもしれないですね。自宅まで持って帰り、それを処分するのは抵抗がありますから。

編集長——そうですね。これからは、登山者が携帯トイレを使いやすいよう、しっかりしたシステムづくりを考えていかなければならないと思います。

Q 101

登山靴と運動靴はどう違うの？

登山の経験のない友人から、登山靴は足首が固定されて歩きづらいから運動靴でもいい？ と聞かれました。私は登山靴のほうが歩きやすいと思いますが、運動靴ではダメですか？

編集長――登山では、やはり専用の登山靴（トレッキングシューズ）を履くことをおすすめします。登山靴と運動靴の違いはいろいろありますが、まず、大きく違うのは靴底です。ジョギングシューズやスニーカーがあったら、靴裏を見て登山靴と比べてみてください。登山靴はこれらの運動靴に比べて、靴裏がブロック状になっていて凹凸が大きいことがわかるでしょう。このようにソールパターンやゴムの質が山道で滑りにくいように、よく工夫されています。一般的な運動靴では山道では滑って歩きづらく、コースによってはたいへん危険です。

釈――登山靴は靴底が硬く作られていますね。これも足を守る工夫ですか？

編集長——そうです。運動靴の底は軟らかく、両手で持って曲げることができるのに対し、登山靴は硬くて曲がりません。靴底を硬くすることによって、地面の細かい凹凸を足に伝えず、山道を長時間歩いても疲れにくいようになっています。これは、重い荷物を背負って歩くと違いを強く感じます。

釈——ふだん登山靴を履かない人が、ハイカットの靴を履くと足首が固定されて歩きづらいのでは？　と言う人もいますが、そうでもないですよね。

編集長——ハイカットによる足首のサポートは、足の前後の動きを固定するのではなく、横にぶれることを防いで、捻挫しにくいように作られています。とくに下りではバランスを崩しやすく、足首を捻挫することが多いのですが、そのようなとき、ハイカットの登山靴だとけがを軽減できます。でも、アプローチの林道を歩くときは登山靴より運動靴のほうが歩きやすいですよね。林道歩きが極端に長いときや荷物が軽いときは、トレイルランニング用のシューズやアプローチシューズなど、ローカットの軽い靴のほうが軽快に歩けますよ。

釈——私もいつの間にか、4足の登山靴が集まってしまいました（笑）。山によって使い分けていきたいと思います。

Q 102

観天望気ってなに？

山に慣れている方は、空を見て、これからの天気がどうなるかわかったりしますよね。私も判断できたらいいなと思うのですが、いくつか教えていただけないでしょうか？

編集長——「カンテンボウキ」。普通の人には聞きなれない言葉ですよね。なにそれ？　寒天で作ったほうき？　などと返されても困ってしまいますが、観天望気の漢字が表すとおり、空を見て、雲の高さや形、色、風向きなどで天気の移り変わりを予測することです。山では最新の気象情報を得ることも大事ですが、自分で天候の変化を感じられるようになることも必要なのですよ。

釈——山の奥深くにいると、携帯も通じず、気象情報を得られるとはかぎらないですものね。

編集長——そうですね。昔からある天気のことわざなども観天望気の一種です。たとえば「夕焼けの翌日は晴れ」。これは、天気は西のほうから変わってくるので、西の空が安定した天気だから翌日も期待できるという意味ですね。

釈――「朝焼けは雨」というのは、いい天気が東に遠ざかったということなのですね。

編集長――重要なのは雲のチェックで、身近なものには「飛行機雲が早く消えると晴れ、消えずに広がっていくと雨になる」があります。飛行機雲が長く残るのは上空に湿った空気があるからで、天気が下り坂になることが多いです。「笠雲がかかると雨」も有名ですね。そのほか10種類に分類

那須・朝日岳の上空に浮かぶ巻雲。低気圧の接近を告げていた

大山頂上から見た積乱雲。夕方から激しい夕立に見舞われた

された雲の変化を見ながら天気を予測するのは楽しいですよ。

釈――足元だけでなく空を見ることも重要なんですね。雲は少しずつ覚えていきたいと思います。

9月、薬師沢小屋の上空に現れた高積雲。天候悪化が懸念されたが、その後、雲は消えて安定した秋晴れの一日となった

10月の雲ノ平の上空を覆い尽くす乱層雲。1時間後には雨が降りはじめ、やがて雪に変わった

12月の富士山七合目で見かけた、風が強いときに現れるというレンズ雲。登るにつれて猛烈な風に襲われた

Q
103

登山ガイドはどんなときにお願いするの?

登山ガイドといっしょに山に登る人も増えているようですが、登山ガイドにお願いすると何をしてもらえるのでしょう?

編集長――登山ガイドは自分の技量を超える山を登るときに、安全を確保してくれたり、的確な判断をしてくれたりと、主に技術面でサポートしてくれます。

釈――**私が父や妹と奥穂高岳に登ったとき、編集長をはじめ、いろいろな方にサポートしていただきました。私ひとりでは、あの険しい山に登ることはできなかったと思いますが、いっしょに登っていただいたことで山頂に立てました。それをプロとしてやってくださるのがガイドなのですね。**

編集長――そうです。ガイドの力を借りることによって、ハイグレードの山に登れることもあります。ただ、バテたときに荷物を持ってくれたり、背負ってくれるわけではなく、やはり登るのは自分の力なのです。そこは勘違いしないように、ね。

Q 104

高山病になるのは標高何メートルから？

高い山に登るときは高山病が心配です。どのくらいの標高から注意すればいいでしょうか？

編集長――個人差はありますが、標高2500m前後から注意してください。目安としては富士山吉田口五合目が2300m、北アルプスの涸沢が同じく約2300m、室堂が約2450m、中央アルプスの千畳敷は約2600mです。それより高いところへ登る場合は、注意しましょう。

釈――具体的にはどのように注意すればいいですか？

編集長――一気に高度を上げず、ゆっくり登ること。とくに富士山、室堂、千畳敷のように登山口の標高が高いところは、いきなり登りはじめると高山病になりやすいので、登りはじめる前にしばらく周囲を散策するなど、体を慣らすといいですよ。登っている途中もときどき、深呼吸をすることを心がけます。また、高山病の症状が出てきていないか、体調をチェックしましょう。

釈――高山病になるとどのような症状が出ますか？

編集長――息ぐるしさを感じ、ひどくなると頭痛、吐き気、めまいなどの症状が出ます。そのような症状が出て、改善しない場合は登山を中止し、なるべく早く下山します。高度を下げるとよくなることが多いです。

釈――子どものころ、初めて富士山に登ったときはひどく眠くて、八合目で気持ち悪くなってリタイアしてしまいました。きっと高山病だったのですね。でも、それ以外では体調が悪くなったことはないです。

編集長――いっしょに富士山や奥穂高岳に登っていたときも、元気でしたものね。釈さんは高山病に強いほうだと思いますよ。富士山頂で泊まった翌朝もまったく平気でしたよね。私はあの日、頭痛がひどかったんです。

釈――そうですか。うれしいです。でも、高度に弱くても気をつければ予防はできるのですよね？

編集長――しっかり睡眠をとって体調を整えておくことが大切です。また、登山中は水分を多めに摂り、ペースを守るよう心がけること。飲酒も控えましょうね。

Q 105

山の保険はどのように選べばいい？

もしものときのために山岳保険に入ることを検討中です。いろいろあって迷うのですが、どのように選べばよいのでしょうか？

編集長——まず、山の保険は、1回ごとの掛け捨てと、年間契約タイプがあります。月に1回程度、山へ行く人なら、その都度手続きする手間が省けますし、コスト面からも年間契約がよいでしょう。すでに生命保険に入っていれば、けがや入院、死亡時の補償はそちらでカバーできますから、捜索費用の補償に絞ったシンプルなものでよいでしょう。気をつけるのは雪山へ行く場合。一般的な山岳保険ではたいてい雪山登山は補償外です。やさしい雪山で、軽アイゼンで登れるコースでも、補償外になってしまうことも。雪山へ行くなら、一般的な山岳保険でなく、登攀を対象とした保険に入っておいたほうが安心です。

釈——いろいろ調べて、最適の保険を選ぼうと思います。

Q 106

登りながら音楽を聴くのはアリ？

焼岳に登ったとき、山頂でスピーカーを使って音楽を流しているグループがいました。楽しいのはわかりますが、ほかの人のことを考えるとマナー違反では？

編集長――周りにも聞こえるように音楽を流すのはやめてほしいですね。登山者の多くは自然を楽しみに来ているのですから、不快に思う人もいるでしょう。

釈――イヤホンで音楽を聞きながら歩いている人も見かけますが、危険ではないですか？　後ろから登山者が来ているのも気づかないかもしれないですし。

編集長――登山中は雷や落石など、音によって危険を察知することも重要ですから、イヤホンをして歩くのもおすすめできません。行動中はやめましょう。なによりも、せっかくすばらしい自然のなかにいるのですから、風の音や沢のせせらぎ、鳥の声など、山ならではの音を楽しみながら歩いてほしいと思います。

Q 107 「日本百名山」は何日で登れますか？

「日本百名山」の完登をめざしている人も多いようですね。最短で何日ぐらいで登れますか？

編集長——現在の最短記録は山岳アスリートの藤川健さんの33日間です。幌尻岳とトムラウシを1日で登ってしまったり、富士山に登った日の午後に塩見岳の頂上に立ち、翌日は悪沢・赤石・聖を越えて深夜に光岳に登頂など、驚異的なスピードでした。綿密な計画とサポートドライバーの協力があってこその記録です。

釈——33日間だと1日に平均3山ずつだから、すごいスピードですね。

編集長——すごい記録だと思います。でも、「日本百名山」を選定した深田さんはこんなことを言っています。「私は飛脚的に登り降りすることを好まない」と。記録に挑むことは否定しませんが、一般には速さや効率よりも、その山をどれだけ深く理解し、愛情をもって登れるかに重きを置いて計画を立ててほしいものですね。

Q
108

雪山に登るときの注意点を教えて

6月の妙高山では残雪の急斜面を下るのにたいへん苦労しました。編集長のフォローがなかったらどうなっていたことやら。雪山を安全に登るための基本について教えてください。

編集長——大倉乗越の下りはちょっと怖かったみたいですね。でも、ロープで確保してからは、ちゃんとキックステップができていましたよ。

釈——犬のお散歩みたいで恥ずかしかったけど、もし滑っても後ろにいる編集長がロープで止めてくれるという安心感があったので度胸を決めました。

編集長——アイゼン歩行は経験がものをいう世界ですからね。最初のうちはベテランについてもらうか、雪山講習会などで登下降を繰り返すなど、歩き込むことが重要です。そして登る山も5月連休の残雪期の山とか、厳冬期であれば森林限界上での歩行時間が短いコースを選んで、少しずつ慣れていくことをお勧めします。

釈——たとえばどんな山が候補に挙げられますか?

編集長——5月なら穂高の涸沢までとか。上級者の同行があれば白馬岳もいいでしょう。厳冬期の雪山入門におすすめの山は那須の茶臼岳。強風には注意が必要ですが、アイゼンを着けて歩く距離が短いので手軽に雪山の厳しさが味わえます。また、八ヶ岳の硫黄岳や天狗岳も雪山入門に適した山ですね。これらのレベルの山を経験してから、赤岳や西穂高岳など、もう一段階上の山をめざせばいいと思います。

釈——わかりました。ほかに注意すべき点は?

編集長——冬山の場合は装備の選び方にはじまり、雪崩の危険の見極め方、安全なルートの選び方、深い雪のラッセルの仕方など、覚えることがたくさんあります。歩き方を練習するにしても、選んだ場所によっては練習そのものが危険をともなう場合もありますからね。そういった意味からも、どなたか信頼のおけるベテランに直接、現地で教えてもらうのが安全で近道だと思いますよ。

釈——独学でマスターできるほど雪山の世界は甘くないということがよくわかりました。ということで編集長、これからもご指導、よろしくお願いします。

編集長——あ、そういうことですね(汗)。お任せください。一緒に登りましょう。

2000mに満たない標高ながら、アルプス級の強風が味わえる那須・茶臼岳

雪山デビューの山として人気の八ヶ岳·硫黄岳

3000m級の本格的な雪山体験ができる5月連休の白馬岳

Q 109

親子登山は何歳くらいからOK?

我が家では子どもが2歳のときに親子登山を始めました。子どもを山に連れて行く場合、何歳ぐらいから始めさせていいのでしょうか?

編集長――べつに決まりがあるわけでもないのですが、よく「物心がつく」といわれる2～3歳くらいになれば連れていってもいいのではないでしょうか。もちろん、それよりも小さいときにベビーキャリーで背負って行くことも可能ですが、おそらく子どもの記憶には残っていないでしょうからね。

釈――私も都会では見られない景色を見せたくて、自分の足で歩けるようになるのを待ってから出かけました。最初はお散歩気分で歩けるハイキングコースを中心に選んで、ときにはベビーキャリーも利用してピクニックを楽しんだものです。

編集長――ベビーキャリーで注意したいのは、背負っている親は歩いていて暑くても、座っているだけで動かない子どもは寒かったり、逆に夏は日差しを受けて暑かったりと、親子で気温に対する感じ方が違うということです。そのへんも注意して見てあげたほうがいいですね。そういった意味では自分の足で歩きとおせる年代になってから、体力に合わせたコースを選んで連れて行くのがいいと思います。

釈――天候にも注意したんですよ。雨の日や風の強い日には絶対に登らせたくないなと思って。つらい印象を与えて山を嫌いになってほしくないですからね。

編集長――それは大正解だと思います。子どものころに山に対して悪い印象をもってしまうと、とても自分から山に行こうという気になれませんからね。

釈――親子での初登山となった神奈川県二宮町の吾妻山は快晴の一日でした。山頂では春風が菜の花畑の甘い香りを運んできて、遠く春霞の先には相模湾のおだやかな海が望めました。子どもも山頂から見下ろす海の景色や青空の下で食べるお弁当など、街中では体験できないことがよほどうれしかったらしく、「また、お山に連れて行ってね」と言ってくれました。2歳の初登山、大成功でした。

編集長――そのひと言は最高にうれしいですよね。息子さんの山大好き化計画、順調に進んでいるようでよかったです。

釈さんの親子初登山は二宮町の吾妻山。おだやかな陽気の、過ごしやすい春の一日だった

入笠山ではスズランの花に興味を持ったらしく、ルーペでじっくりと観察していた。子どもの好奇心は大切にしたい

Q 110

子連れ登山にはどんな山がおすすめですか？

2歳の初登山後、息子は首都圏近郊の低山に何度も登り、6歳のときには富士山に登頂できました。今後、親子で登るのにおすすめの山がありましたら教えてください。

編集長——釈さん、これまでにもずいぶん親子登山を楽しまれていますよね。どんな山に登られましたか？

釈——吾妻山以降は、しばらく神奈川県内の低山を登ってきました。大野山や石老山といった1000m以下の山ですね。その後、幼稚園の年長さんになった6歳の夏休みには富士山に挑戦しました。五合目で1時間以上の休憩をとって高度に体を慣らしてから登りはじめ、七合目の山小屋で1泊。翌日は山頂でのご来光にこだわらず、明るくなってからゆっくり登っていったのです。息子は一度も弱音を吐くことなく、頂上まで元気に登り切りました。

編集長——低山ハイキングのあと、いきなり富士山ですか……。がんばりましたね。それにしてもプランニングが完璧じゃないですか。

釈——じつは私も幼稚園のときに父に連れられて富士山に挑戦したのですが、そのときは八合目の山小屋でギブアップしていたのです。だから今回の計画はすごくこだわりました。その後、九州の由布岳など1000m超えの山を登ってきました。

編集長——小学校低学年であれば、ケーブルカーやロープウェイを使って楽に登れる山を探すといいですね。変わった「乗り物」に子どもたちの目の色が変わります。リフトで登れる霧ヶ峰や、ロープウェイで楽にアクセスできる蔵王山、那須岳、筑波山など、百名山のなかには小さい子どもでも登りやすい山があります。そして、小学校高学年になれば、もう子ども扱いをする必要はないでしょう。自分の荷物を背負わせてパッキングもさせて、食料や水も自分で持たせる。そして記念になるよ

乗り物を使った登山も子どもは喜んでくれるはず。写真は御岳山ケーブルカー

うな山行をひとつでも経験させれば、ずっと山好きな子どもに育つと思いますよ。

釈――たとえばどんなプランがありますか？

編集長――私の場合ですが、10歳のときの10月10日に栃木県の最高峰である日光白根山に父が連れて行ってくれたんです。昔の「体育の日」ですね。往復8時間のコースで大変でしたが、すれ違う大人たちに「強いね〜」とか「がんばってね〜」などと声をかけられて頑張りました。そして五色沼が見る角度によって本当に色が変わるのを見届けたのです。このときの印象があまりにも強烈で、以後、自分でガイドブックを買って山行計画を立てるようになり、今の自分があるんですよね。

釈――それは一生モノの思い出ですね。私もなにか子どもの記念になるような山行を考えてみたいと思います。ありがとうございました。

我が子とともに富士山頂に立つ。幼稚園年長組、6歳での登頂だった

あとがきにかえて

「なんで山なんて登るの？」

登山経験のない方に、いちばんよく聞かれる質問あるあるです。

私もほんの1年半前までは、そう思っていた側のひとりでした。

ただ、私は幼少のころから父の影響で何度も山に登らされていたので、まったくの未経験というわけではありません。これまでだって、富士山は3回ほど家族で登りましたし、立山や尾瀬、上高地からの西穂高岳などのほか、記憶に残っていない山も含めれば、いっぱしの登山者です。でも、何一つ心ときめくものがなかった。つらい、苦しい、めんどくさい……。怠け者の幼少期を過ごしていた私にとって、山登りなんてまったく意味がわからなかったのです。山頂で撮った記念写真のふてくされた顔が当時の私の心境を物語っています。

父は高校生の頃、山岳部だったそうで、北アルプスや南アルプスを何週間も、たった一人で縦走したという武勇伝を、うんざりするほど聞かされました。山にこもってなかなか帰ってこないので、祖母に捜索願いを出される寸前まで心配をかけていたそうです。「帰りの電車賃がなくなるまでお金を使い切り、おまわりさんに借りて帰ったんだ！」と、当時のヤンチャな山行を、目をキラキラさせてうれしそうに何度も話してくれます。

そんな父ですから、家族ができたら山の魅力を伝えようと、毎年、夏は登山、冬はスキーと、ひたすら山に連れて行ってくれました。釈家は四姉妹の6人家族です。毎年、夏冬休みに家族旅行に連れて行ってくれるなんて、金銭的にも体力的にも、相当負担がかかるはずなのに、母と娘4人のオンナだらけの家族で、父が唯一本領発揮できるのは山しかなかったのかもしれません。昔から厳格で口数も少なかった父が、山に登ったときだけは、多くを語らずとも、父の威厳と頼りがいのある姿を背中で娘たちに語ってくれました。仕事の関係で家に帰ることがほとんどなかったので、唯一父親という存在を確認することができた場所も、山だったのかもしれません。私にとって、山は、父そのものだったのです。成人して、家族旅行もなくなり、すれ違うことが多くなりました。私が仕事を始めてからは、家庭の事情で何度もケンカをし、父とは疎遠になりました。

そんな犬猿の仲だった親子が、今や肩を並べて満足そうに、山頂で記念写真を撮る姿を誰が想像できたでしょうか。母は今でも信じられないと、いちばん喜んでいます。

昨年、山の番組に携わることになったきっかけで、山ガールを中心とした登山ブームということもあり、少しずつ山に興味が湧いてきました。百名山の美しい映像を眺めてスタジオで感想を言うだけでは、山の魅力を伝えきれないという葛藤があり、昨年の夏ごろ、ついに私から父を誘って、白山に登りに行ったのです！久しぶりの家族登山。山頂で見たご来光の感動は、これまでの登山のイメージを覆す大きな喜びと達成感に満ちていました。それ以降は、この短期間で富士山、木曽駒ヶ岳、八ヶ岳、金時山、丹沢、奥穂高岳、焼岳、霧ヶ峰、美ヶ原……と、父と一緒に何度も山行を重ねています。そればかりか、都心の山道具専門店に一緒に買い物に行くほど、すっかりヤマ親子化しています。誕生日や父の日といった記念日に、シュラフやテント、ザックなど山グッズをプレゼントするようになりました。この先、どんどん山用品が増えて、親子で登る山の数と思い出がケルンのように積み重なることを切に願います。

最初のあるある質問に戻ります。

「なんで山に登るの？」

気持ちがいいから。リフレッシュできるから。達成感があるから。そこに山があるから……？

山の魅力は一言では説明できませんし、その理由を求めて登りつづける登山家が実際多いような気がします。

私にとって山に登る目的は、「父を感じたいから」なのかもしれません。

幼少のころ見ていた父の大きな背中が、今は少しくたびれていると感じるときもあるけれど（笑）、私にとって変わらず偉大でたくましくて優しい父の背中を眩しく見つめながら、これからも一緒に山を登りに行きたいと思います。


最後に、山ビギナーの私に、「そんな目線で単純に素朴に感じる山の疑問や質問をぶつけた本を出しましょう！」と声をかけてくださった萩原浩司編集長。このような機会を与えてくださり、ありがとうございました。「実践！　にっぽん百名山」

でも私に初めて山の魅力を教えてくださり、山にハマるきっかけとなったので、本当に感謝しています。

そして、この本を一緒に作ってくれた、山岳ライターの小林千穂さん。数々の山行をともにしていただき、苦しいときもその先の感動も、一緒に共有してくれたすばらしい〝山トモ〟でもあります。私にとって、まさに穂高そのものである憧れの存在の千穂ちゃん、いつも本当にありがとう。

この本を手にしてくださった読者の皆さまが、今日からいつもとまたほんの少し違う目線で山に臨んでくださり、親しみと敬意を持って山行を楽しんでくださるきっかけとなったら、この上ない幸せです。

いつかどこかの山で逢えますように。

２０１４年11月
釈　由美子

文庫のためのあとがき

もう10年も経ったんですね。今回の文庫版出版のお話を萩原編集長からいただき、再編集にあたり前著『山の常識　釈問百答』を改めて読み返しました。山にデビューしたばかりの頃の素朴な疑問の数々が懐かしく、ほほえましく思い出される一方で、父とのエピソードには少し切なさを覚えずにはいられませんでした。

「ヤマケイ新書」版のあとがきで、私は「山に登る目的は『父を感じたいから』」と書きました。その大好きだった父が、前著を出版した翌年に病気で他界してしまい、しばらくの間、山に行くこと自体がつらく感じられる時期がありました。山に登る意味を見失っていたのです。

そんななか、ご縁があって結婚し、子どもを授かり、一児の母となりました。出産や乳幼児の育児に追われ、山からさらに遠ざかっていたある日、ふと幼い頃に父が山へ連れて行ってくれた思い出がよみがえり、私も息子を連れて山歩きをしてみたいと思うようになりました。最初はベビーキャリアで背負い、息子が歩けるようになってからは低山で少しずつ慣れさせていき、そして息子が6歳になる年長の夏、ついに富士山山頂まで親子登山を果たすことができました。

「父が見せたかった景色は、これだったのか!」

子どもの頃の私は、「山なんてただつらいだけ」と思っていて、楽しい思い出なんてほとんどありませんでした。でも、自分が親になり、息子を山へ連れていくようになって、ようやくあの頃の父の気持ちがわかるようになりました。息子の目に映るもの、心を動かし感じ取るもの、そのすべてが尊いと、山は無言でいつもやさしく教えてくれるのです。山って、本当に偉大です。世代を超えて、大切なものを受け継いでいく場だと、心から実感しました。

10年前、「なんで? なんで?」と、山にまつわる素朴な疑問を萩原編集長にぶつけていた私ですが、今では同じような質問を息子から受けるようになり、時の流れを感じています。それは、息子が山への興味や関心を抱く入り口に立っている証拠なのでしょう。ちょうどあの頃の私のように。

息子の問いに対して、これからも同じ目線で向き合い、彼と一緒に山の魅力や気づきを求めていきたいと思います。そして、もっとたくさんの人に、山のことを知ってほしい。山を好きになってほしい。

この本を手に取ってくださった皆さまにも、山に親しみを持ち、それぞれの山と向き合う楽しさを感じていただけたら、これほどうれしいことはありません。これからも、山で素晴らしい思い出を重ねていきましょう。

さあ、次はどの山に登ろうか。

2025年1月
釈 由美子

参考資料

『日本の山を数えてみた　データで読み解く山の秘密』（武内正・石丸哲也　山と溪谷社）
『日本百名山』（深田久弥　新潮文庫）
『日本百名山地図帳』（山と溪谷社編　山と溪谷社）
『山と溪谷』１月号別冊付録　山の便利帳２０２３（山と溪谷社）
『登山の運動生理学とトレーニング学』（山本正嘉　東京新聞出版局）
『SPEED TOURING　スピードツーリング　山岳アスリート　藤川健の半生と記録』（横尾絢子　六花編集室）

教えて編集長！　釈 由美子の山の常識110の疑問

二〇二五年三月十日　初版第一刷発行

著　者　釈 由美子　萩原浩司
発行人　川崎深雪
発行所　株式会社　山と溪谷社
郵便番号　一〇一－〇〇五一
東京都千代田区神田神保町一丁目一〇五番地
https://www.yamakei.co.jp/

■乱丁・落丁、及び内容に関するお問合せ先
山と溪谷社自動応答サービス　電話〇三－六七四四－一九〇〇
受付時間／十一時～十六時（土日、祝日を除く）
メールもご利用ください。
【乱丁・落丁】service@yamakei.co.jp　【内容】info@yamakei.co.jp
■書店・取次様からのご注文先
山と溪谷社受注センター　電話〇四八－四五八－三四五五
ファクス〇四八－四二一－〇五一三
■書店・取次様からのご注文以外のお問合せ先　eigyo@yamakei.co.jp

印刷・製本　大日本印刷株式会社
定価はカバーに表示してあります

Printed in Japan ISBN978-4-635-05012-8

ヤマケイ文庫の山の本

新編　単独行
新編　風雪のビヴァーク
ミニヤコンカ奇跡の生還
残された山靴
梅里雪山　十七人の友を探して
星と嵐　6つの北壁登行
山と溪谷　田部重治選集
ドキュメント　生還
タベイさん、頂上だよ
新田次郎　山の歳時記
トムラウシ山遭難はなぜ起きたのか
サハラに死す
狼は帰らず
マッターホルン北壁
単独行者（アラインゲンガー）　新・加藤文太郎伝　上／下
空へ　悪夢のエヴェレスト
ドキュメント　気象遭難
ドキュメント　滑落遭難
ドキュメント　道迷い遭難
穂高に死す
長野県警レスキュー最前線
深田久弥選集　百名山紀行　上／下
ドキュメント　雪崩遭難
ドキュメント　単独行遭難
ドキュメント　山の突然死
定本　黒部の山賊
新田次郎　続・山の歳時記
人を襲うクマ
八甲田山　消された真実
足よ手よ、僕はまた登る
穂高小屋番　レスキュー日記
侮るな東京の山　新編奥多摩山岳救助隊日誌
ひとりぼっちの日本百名山
北岳山小屋物語
十大事故から読み解く　山岳遭難の傷痕
未完の巡礼　冒険者たちへのオマージュ
岐阜県警レスキュー最前線
富山県警レスキュー最前線
アルプスと海をつなぐ栂海新道
新編　名もなき山へ　深田久弥随想選
日本百低山
41人の嵐　両俣小屋全登山者生還の一記録
大いなる山　大いなる谷
御嶽山噴火　生還者の証言　増補版

ヤマケイ文庫クラシックス

冠松次郎　新編　山溪記　紀行集
上田哲農　新編　上田哲農の山
田部重治　新編　峠と高原
木暮理太郎　山の憶い出　紀行篇
尾崎喜八選集　私の心の山
石川欣一　新編　可愛い山